子どもたちが生き生きと輝く

対話・
話し合いの
授業づくり

菊池省三／菊池道場

中村堂

はじめに

　新型コロナ感染防止対策の一つとして、2020年3月2日から全国の小・中・高等学校で休校措置が取られました。当初春休み期間までとされたいた休校は、結果的には5月末まで続きました。

　社会全般では、4月7日から5月25日まで緊急事態宣言が出され、私たちはこれまで経験したことのない時間を過ごしました。

　私は、2015年3月に小学校の教員を退職以来、5年間にわたり全国を飛び回ってきましたが、3月1日辺りから予定されていた活動が一切キャンセルされ、6月中旬まで、ずっと北九州の自宅で静かな時間を過ごすことになりました。

　思いがけず時間ができたことで、たくさんの本を読むことができました。そして、全国で出会った学校、教室、教師、子どもたちについて学んだことを、さまざまな視点から整理することができました。また、自分自身の授業が記録された多くの動画を見直すこともできました。

　そうした中でまとめたものの一つが、本書「子どもたちが生き生きと輝く　対話・話し合いの授業づくり」の全体構成です。

　全国のいろいろな教室を訪ねると、温かい拍手と笑顔で迎えてくれる教室もあります。心地よいコミュニケーションが1時間の中にあります。一方で、硬直した冷たい雰囲気の教室に出合うこともあります。残念ながらそのような気になる教室が、年々増えてきているように感じています。

「硬直した冷たい空気を、温かい拍手と笑顔に満ちた教室に変えていきたい」－これが私の切実な願いです。そのための具体的な指導法、声かけの仕方をまとめたのがこの一冊です。

　全体構成に基づき、菊池道場兵庫支部メンバー5名に北九州支部メン

バー1名を加えた6名のメンバーで、3回に渡る企画会議・原稿検討会議を経て、本書は完成しました、何度も原稿を磨いてくださった6名の先生方に感謝申し上げます。また、中村堂の中村宏隆社長には、企画段階から編集段階までお力添えをいだきました。ありがとうございました。

　コロナの収束は、なかなか見通すことはできませんが、このような時代であればこそ、人と人のつながりの中で学び合う学校の役割をどのように果たしていくか、本気で考え、取り組んでいきたいと思っています。「主体的・対話的で深い学び」をめざした新学習指導要領が完全実施された2020年度にこのような状況になってしまったことは本当に残念なことですが、それを言い訳にしていても仕方がありません。

　全国の教室では、1時間の授業の中のごく一部の数分間だけの対話で終わっていることが少なくないことも目の当たりにしてきました。

　硬直した教室を、コミュニケーションあふれる授業を創り出すことで温かな教室に変えていくために、本書が全国の先生方のお役に立てることを願っています。

2020年12月26日　菊池道場　道場長　菊池省三

○　も　く　じ　○

第1章
子どもたちの現状から対話・
話し合いの授業を考える

①今の子どもたち
—全国行脚から見えてくるこれからの教室

菊池省三（菊池道場道場長）

1　温かい教室と冷たい教室

「全国行脚」の毎日を送るようになって、6年めが終わろうとしています。2020年（令和2年）も、公立小学校に勤めていた時と違い、いろいろな教室で初めて出会う子どもたちと授業を楽しんでいます。

温かい拍手と笑顔で迎えてくれる教室もあります。私も楽しく授業を行うことができます。心地よいコミュニケーションが1時間の中にあるからです。

しかし、逆に硬直した冷たい雰囲気の教室に出合うこともあります。残念ながらそのような気になる教室が、年々増えてきているように感じています。

そのような硬直した教室に行くと、

1．目を合わそうとしない

2．表情が硬い

3．自分から「からだ」を開こうとしない

といった子どもたちの姿やそこから伝わる空気が、パッと一瞬で私の中に入ってきます。

集団としての統制が取れていないからか、多くは空気がざわついている学級です。また、現象としては逆ですが、「静かだけれどざわついている」という教室もあります。

その根本的な原因は、健全な個と集団が育っていなくて、ただそこで群れているということでいえば一緒だと思います。

新しく教室に入ってきた人（菊池）との距離感が、群れている教室の状態だからつかめない子どもたちの学級です。他人の「からだ」をさっ

と感じる感覚が育っていないのです。一人ひとりが自分を出せない、仮の自分で過ごし合う教室の空気感だからです。

そのような教室の子どもたちは、

1．話そうとせず、声が小さい
2．動きが遅い
3．姿勢に芯がない

といった特徴もあります。

人と関わる「からだ」ができていないことが、教室に入ってすぐに気づきます。学ぶことへの心の構えが育っていないのです。

「この人とこれからこの教室でみんなと学ぶんだ」という対人意識や場の意識が身についていないのです。

いずれにしてもコミュニケーションが教室の中にないのです。

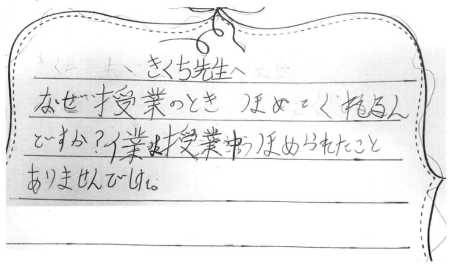

きくち先生へ

なぜ、授業のとき ほめてくれるん
ですか？僕は授業中うほめられたこと
ありませんびけ。

2　変わる子どもたち

私が在職中にも感じていたことですが、気になる教室が年々多くなってきました。子どもたちの変化です。一言で言うと、子どもらしい素直さに欠けた子どもが増えてきたのです。自分らしさを発揮し合い、共に

学び合う教室が育ちにくくなってきたのです。健全なコミュニケーションが成立しないのです。

　全国の先生方と話す中で、私自身も気になっていた子どもたちの傾向を以下に述べます。

　残念ながら、全国の多くの学級で起きている事実です。

①「群れ化」する子どもたち

　自分の意思で行動できない子どもが増えてきました。数名の仲間と「つるむ」子どもたちです。安易に仲間と同調し合う関係しか築けない子どもたちが増えてきたのです。

　そのような子どもたちは、多くの場合ゆがんだ価値基準で行動しようとします。

　例えば、教師の指示に従わない友達が仲間の中から一人でも出てくると、決まってその子と同じ行動をとろうとします。そうしないと自分だけが「はじかれる」からです。それを恐れて、ただ仲間と合わせるだけの関係を強めるのです。

　そのような「群れ化」したグループが増えてくると、教室の中に正義が通用しなくなってきます。真面目さを否定しようとするからです。きまりやルールをきちんと守って生活している友達に対して、ばかにしたり無視をしたりし始めます。教師が注意しても、仲間を探して目を合わせニヤッと笑い合うことでその場から逃げようとするのです。

　エスカレートしてくると、露骨に担任に対して反抗的な態度を見せ始めます。

　このような「集団」になれない子どもたちが、学年を問わずどの教室にも増えてきています。

②粗暴な言動を繰り返す子どもたち

　子どもたちの言動が粗暴になってきました。丁寧さがないのです。それが顕著に表れるのが、子どもたちの日常の言葉遣いです。

ある６年生の学級の「教室からなくしたい言葉」のアンケート結果です。

```
1位…死ね
2位…ばか
3位…消えろ
4位…むかつく
5位…関係ない
```

相手との関係を断ち切る粗暴な言葉が並びます。友達に対して、「あいつ」「こいつ」「おまえ」といった呼び方をし合います。ですから、どうしても荒れた雰囲気が出てくるのです。お互いを大切にし合った関係を育てることができないのです。

このような言葉遣いが普通になってきている子どもたちは、授業中も集中できません。課題に対してねばり強く取り組むことができないのです。少しでも理解できないことがあると、「できん」「分からん」「知らん」という無気力な言葉を口にして、考えることを放棄するのです。このような投げやりな態度で授業を受けるわけですから、学力も身につかず、ますます言動が荒っぽくなっていくのです。

③精神的に不安定な子どもたち

ちょっとしたことですぐに「キレる」子どもがどの教室にもいるようです。自分の気持ちを言葉にすることができない子どもたちです。

例えば、授業中に私語をしていて注意を受けると、「チッ」と舌打ちをしたり、「えっ、何で私だけが？」「分かっています！」といった言葉を口にしたりするのです。口調は攻撃的です。

厳しく注意すると、泣いてわめいたりふてくされて反抗的な態度を見せ始めたりします。素直に注意を受け入れることができないのです。

そのような子どもの多くは、機嫌がよくて落ち着いている時と苛立ってそうではない時との落差がとても激しいのです。自分に自信がもてな

いから精神的に不安定なのです。

　ですから、友達関係も安定したものになりません。

　少し体が触れただけなのに、

「おまえがぶつかってきた」

と相手を責め立てます。

　また、友達の間違えた発言に、

「それも分からんのかっ」

と心ない言葉を容赦なく浴びせます。

　相手のマイナス部分ばかりが気になり、そこへの不満を平気で口にするのです。

④いじめ合う子どもたち

　新しい学級を担任して、子どもたちに「どんな１年間にしたいですか」と問うと、「いじめのないクラス」と何人も答えます。

　作文に書かせると、それまでの学級でのいじめの実態を赤裸々に告白する子どもがいます。

　例えば、クラス全員で○○さんを無視し続けた、○○くんの持ち物を傷つけたり隠したりした、といった内容です。

　それらの多くは、解決されないまま続いています。新しい学年になり、担任も代わったことで表面上は解消されたように見えますが、水面下で続いているケースがほとんどです。ある６年生は、次のような作文を書いていました。

「私たちは、まず○○さんをいじめていました。去年の１学期のまん中ぐらいからです。誰かが最初にいじめ始めて、その後はクラスのほとんどの人がいじめていました。先生から注意されたので、○○さんへのいじめはなくなりました。

　でも、２学期ぐらいから、今度は△△さんをターゲットにしました。理由はよく分かりません。それからは、どんどん相手を変えていきました。

みんな、自分がいじめられたくないので、弱い人やいじめやすい人を選んでいたのです」

　この作文からも、誰かをいじめることで安心を得ようとする今の子どもの実態が浮かび上がってきます。

⑤共同思考ができない子どもたち

　みんなで意見を出し合って学び合ったり、友達と教え合って学習したりすることができない子どもも増えています。

　教師の問いにすすんで手を挙げて答えたり、困っている友達のそばに行って優しく助けたりすることができない子どもたちが多くなっているのです。

　自分らしさを出し合って学習を進めることができないのです。例えば、教師がある子どもの意見に対して、

「○○さんは〜〜と言っているけれど、みんなはどう思いますか？」

　と投げかけても、ほとんど反応がない状態です。多くの教室でよく見られる光景です。静かな学級崩壊の状態です。

そのような子どもの多くは、授業中はノートに逃げ込みます。カラーペンを多用して一見美しいノートを作っていますが、理解しているわけでもありません。ひたすら黒板や教科書の資料や図表をきれいに写しているだけなのです。

このように、自分なりの意見を出し合って、それらを互いに聴き合って、深め合うという学びから逃げている子どもが増えているのです。

2　授業観を変える必要性

今までの授業とこれからの授業を考えてみます。

①今までの授業とこれからの授業

・一斉指導方式
・同じ教科書、同じ内容を勉強する
・授業中は自席で姿勢正しく静かに先生の話を聞く
・指名されてから発言する

このような授業は、（明治以降の）授業の規律が守られてきていたから成立していたのです。

今の授業は、子どもたちが変わってきたにも関わらず、それらを引きずっているので、

・授業は黙って聞くという教師の価値観と子どもの価値観とのずれ
・伝えることが授業という伝達中心の授業観と体験型授業観のずれ
・教師の一方通行型のコミュニケーションと双方向のコミュニケーションのずれ

といった「ずれ」が大きく問題として出てきています。

これからの授業は、

・参加型の授業
・社会化する教室
・対話型の授業

であるべきだと考えています。つまり、学ぶ楽しさ、共同体としての

楽しさ、社会とつながる楽しさが求められていると考えているのです。
コミュニケーションを重視した授業です。

②これからの授業をどう変えるべきなのか

◆1　授業を楽しくする

　・学ぶ楽しさ、共同体の楽しさ

　　個別的学習やドリル学習ではなく、みんなで協力し合って課題解決
に向かう学習です。

　　個人による知識の詰め込み学習ではなく、学びを共同的なものにす
る学習です。

◆2　子どもを主役にする

　・与えられた学びから自分の学びへ

従来の授業は、教師の指示発問で進んでいましたが、参加型の授業は学びの枠の中で子どもは自由に活動することができる授業です。

◎学習内容を体験することで学ぶ

・技能や態度を指導する

　言語技術教育や人間関係調整技能などは、プロセス（やり方・方法）を指導しやすいのです。技能や態度を、体験を通して会得させていく学習です。

◎評価と指導の一体化ができる

・ファシリテーターとしての教師の役割の自覚が促される

　教師は、授業の進行だけではなく、学習者の発言を援助し、知識や技能の交換、伝達、発見、再構築などを支援する役割が求められています。

　少し詳しく述べます。

○学習プロセスに関わる

・従来の授業……教えながら授業を見るので視野が狭い。教師は、自分の教えるゴールから、逆算して子どもたちを見ていた。減点法。

・これからの授業…学習プロセスごとに支援するので広い視野が必要。活動のあらゆる側面（見る・聞く・話す・書く・考える・協働する）をサポートするスキルが教師には求められる。加点法。

○共同学習に関わる

・従来の授業……上意下達の中に子どもを見ていた。教師が教える正しい内容を子どもたちは受け取るという縦の関係で見て評価していた。

・これからの授業…「子ども−子ども」の横の関係が重要になってくる。横の関係が、「楽しく」「信頼できる」雰囲気になるような評価が必要になる。雰囲気づくりの指導と評価が一体となる。雰囲気の良し悪しが、学習成果に響くという点を考慮する評価＝指導が求められるのである。

私の飛込授業は、「スリルとサスペンス授業」とよく言われます。予

定調和的な授業ではないからです。教師の発問や示す資料を軸に進めていく授業です。単純に「導入→展開→まとめ」で進む「○○県版スタンダード授業」とは違います。

「スリルとサスペンス授業」と「スタンダード授業」の比較をすると次のようになります。

「スリルとサスペンス授業」　⇔	「スタンダード授業」
・15分1パック	・45分1パック
・考えを深める	・正解を求める
・自由度が高い	・自由度が低い
・違いが大切にされる	・違いをなくす

　もちろん、「スリルとサスペンス」の授業がベストではありません。飛込授業でのギリギリのラインかもしれません。その先の授業をめざしていかなければいけないのです。

1．○○県版ベーシック・○○県版スタンダード
2．スリルとサスペンス
　　（発問中心授業）
3．ワークショップ型・共同学習型
4．討論・対話型授業
5．探求型

　ざっくりと言えば、このような感じで授業を「進化」させていくべきなのではないでしょうか。

　私の理解では、2のスリルとサスペンス型は、1970年代後半からの授業です。昭和後半から平成時代の授業です。

　3からが本格的に令和時代にめざすべき授業群です。

　この「授業構造」が違えば、授業のその後の活動や教師のパフォーマンスも大きく変わってきます。

そのことをまず押さえておくことが、今の子どもたちの現状や教室を変えるためには重要だと考えています。

　硬直した教室を変えるには、「授業を変える」ことです。コミュニケーションあふれる授業をつくり出すことです。

②授業前に指導すべきだと 考えていること

菊池省三（菊池道場道場長）

1　飛込授業前に「決めている」こと

　年間で100時間以上の飛込授業を行っています。

　以下のことは、「当たり前」のこととして授業の中で引きだしていくものだと考えています。

1．アイコンタクト
2．正対する
3．ほほえむ

４．うなずく（教師はあいづちも）

そのためにも、

１．ほめて・認めて・はげます声かけ

２．拍手をする

３．小刻みに動かす

４．握手をする（ハイタッチ）

といったことを意図的に仕かけていきます。

具体的な指導としては、

１．ほめ言葉の声かけ

２．５分の１黒板の活用

３．全員参加の指名の工夫

４．自由対話の導入

５．表現を促すパフォーマンス

を軸に行います。これも、事前に「基本の指導」としてもっておきます。授業の流れに合わせて応用拡充していくのです。

２　飛込授業前に「心がけている」こと

授業では、子どもたちの見せるマイナスを感知して、それらをプラスにする対応力が試されるのです。以下のことは、私が常に心がけていることです。

子どもたちの、

１．**非言語**…表情、表情の変化、アイコンタクト、目力、目の輝き、体の動き、動きのスピード、手や指、足、立ち姿、声、声の張り、うなずき、リアクションといった視覚的なもの

２．**表現内容**…単語レベル（公度（公の場にふさわしいか）、抽象度）、文レベル（構文、文末）、といった使用している言葉について

３．**関係性**…聞き合う態度や雰囲気、伝え合う態度や雰囲気、といった学び合う関係性

などを、できるだけ瞬時に感知して、その中での「よさ」を見出し、

ほめることでプラスの意味付け価値付けをしていくのです。

　この指導を明るく元気よく繰り返し行うことで、教室の学ぶ雰囲気を温めながら、学び方を少しずつ身につけさせていくのです。

　どの教室にも、普通は、頑張っている子、頑張ろうとしている子はいるものです。「２・６・２」の上位の２の子や、６の中の「消極的だが責任感のある子」を見つけ、全力で応援するのです。このようなことは、

　　・板書した文字を読ませる（話させる）
　　・簡単な指示で動かせる
　　・あいさつ程度の話を聞かせる
　　・プリントに名前を書かせる

　などで、十二分にできることです。一度で変わらなければ繰り返す中で変化は見えてきます。

「菊池先生は、すぐにキーパーソンを見つけ近づきましたね」「どうして菊池先生は気になる子が分かるんですか」とよく聞かれます。

コミュニケーションの公式の各要素の在り方（「内容」「声」「表情・態度」「伝え方の工夫」など）を意識して、それらのよさを瞬時に見つけて、大きく価値付けるのです。

コミュニケーションの公式
＝（内容＋声＋表情・態度＋伝え方の工夫）×相手軸

◆コミュニケーション
　温かい人間関係　　市民性の涵養

◆内容
　・伝わりやすい構成　【事実＋気持ち】【気持ち＋事実】
　・伝わりやすい文　　短文　接続詞（助詞）　呼びかけ・問いかけ
　　　　　　　　　　　　文末（推量形など）
　・プラスの言葉　価値語　四字熟語　ことわざ　慣用句　金言・
　　　　　　　　　　格言
　・具体的な表現　数字　固有名詞　会話文　5W1H　色　形
　・効果的な表現　比喩　擬態語　擬音語　修飾語を重ねる

◆声
　・ちょうどよい大きさ
　・高低　大小　強弱　緩急　明るさ
　・間

◆表情
　・笑顔
　・視線（方向、時間）
　・目の動き
　・口の形

◆態度
　・指、手、腕の動き
　・姿勢（向き、傾き、立ち方）
　・首のうなずき、かしげ方

・足の動き、開き方
　・立ち位置、身体全体の移動の仕方やその時間
◆相手軸
　・愛情想像力、豊かな関わり合い
　・情報共同体としての心のふれあい
　・ほめて、認めて、励ます、応援する、盛り上がる、感謝する、…

3　コミュニケーション指導の芯となる考え方の 10

　以下は、菊池道場徳島支部の堀井支部長との会話から始まった内容です。それは、「菊池学級の子どもたちは、『えっと』『あの〜』がないのはなぜか」ということからでした。その原因を探ろうとして書き始めた内容です。10 個ポイントにまとめようとしたのです。

　この内容は、コミュニケーション指導の芯となる考え方でもあると思います。年間を通しても意識して指導すべきことですし、飛込授業の 1 時間の授業であっても大切なことだと考えています。

■菊池学級の子どもたちは、「えっと」「あの〜」がないのはなぜか。

①コミュニケーションを核とした民主的な学級づくり
・健全な個と集団の育成というゴールを見据えた学級づくり
②納得解・最適解の授業観による安心感
・1 つの正解を不安の中で探る必要がない。「全て」認められる安心感がある
③圧倒的なコミュニケーション量
・量がある程度の質を保障している。即興力の自信がある【即興力】
④ステップを踏んだコミュニケーション指導（発言・話し合い指導編）
・全員参加への指導のステップ〜発言、話し合いの基本形【スピーチ力】
⑤戦略的なコミュニケーション指導（対話・話し合い教科領域編）
・特活、総合、道徳、国語科から他教科他領域への拡大〜教科領域の特

質を踏まえた対話・話し合いへの拡大と深化【対話・話し合い力】
【議論力】
⑥時間限定指導で意味の含有量への意識を高める
・価値語の植林【言葉への興味関心】
⑦書き言葉と話し言葉が横断する論理的な表現指導
・成長ノートの活用【スピーチ力】【議論力】【作文力】
⑧圧倒的な子ども同士の違いを認め合う関係性
・ほめ言葉のシャワーの体験【人との関わり】
⑨読み合うコミュニケーションの楽しさや価値の実感
・伝えたい、伝え合いたい、伝え合う学びを楽しみたい思いが強い【対
　話・話し合い】
⑩論理的なコミュニケーションと話芸的なコミュニケーションの２つの
　指導
・スピーチ、ディベート指導と音読朗読、語りの指導【議論力】【ス
　ピーチ力】
　以上の 10 の視点を常に意識しながら、１年間かけて指導を行ってい
くことが大切なのは当然ですが、指導すべきポイントは１時間の授業
であっても同じだと考えています。
　例えば以下のような内容です。
【価値語の植林】
・文を切れ・牛の涎みたいに話すな
・滑舌力・短文力・意味の含有率を上げよ
【スピーチ力】
・自由起立発表
・てきぱきスピーチ
・３つありますスピーチ
・15 秒スピーチ
【作文力】
・ズバリと書け

・箇条書き
・３つあります作文
・○文で書く
【話し合い・対話・ディベート】
・○分（○秒）で
・主導権は自分です
・三角ロジック
・論理的な構成
　これら以外に、年間を通して、

　ほめ言葉のシャワー・成長ノート・コミュニケーション指導といった継続した取り組みがあります。全てが有機的複合的に影響し合って、前ページで述べたような「気になること」が菊池学級から消えていくのです。

　このような指導は、菊池学級の「空気感」とも言えることにつながります。無駄がなく、その上自然である学び合いの空気です。
「透明感あふれる子どもたち」は、このような指導を通して育っていくのです。

4　菊池は、１時間の授業で、「成長の授業」としての学びの空気感を教室にどうつくるのか

　では、１時間の飛込授業ではどうでしょうか。

　以下で述べていることが、１時間の授業展開の基本です。①から④は、菊池学級の１年間のダイジェスト版であるとも言えそうです。
【授業の基本的な展開とそのねらいや主な取り組み】
○導入
　①安心の空気感
　・健全な共犯関係をつくる行為群
　　拍手、やる気の姿勢、切り替えスピード
○展開１
　②楽しい空気感

・一人ひとり違っていい事実の実感

　まず書く、挙手→指名からの脱却（列指名など）、価値付け・意味付け

○展開2

③成長の空気感

・できることの発見とその成長の実感

　話せる、聞ける、書ける、動ける、話し合えるなどの事実とそれらへの評価

○終末

④満足の空気感

・１時間の成長の事実への評価を得る

　自己評価、相互評価、参観者からの評価、授業者からの評価

　このような授業を行う上で、教師が心がけていることは、次のようなことです。

◆多様性　個と集団　民主主義

・一人も見捨てない　・「気になる子」をプラスに評価する

・つながり合う集団にする

◆楽しさ　変容と成長　加点法の評価

・ユーモア、笑顔　・リズムとテンポ　・変化のある繰り返し

・拍手とプラスの評価

◆一斉指導からの脱却　ファシリテーターとしての役割

・教師のパフォーマンス　・授業の立体化　・教室の立体化

　以上のように考えると、コミュニケーションを核とした、個別化、共同化、プロジェクト化という視点が重要視されるアクティブ・ラーニングの社会化する授業群を創造していくことになるでしょう。

5　指導理論、指導方法論、指導技術論に偏っている教育界を変えよう

　一斉指導の授業観からの脱却は、現状では十分とはいえません。指導

理論、指導方法、指導技術はもちろん大事ですが、教師のパフォーマンスという視点は大きく欠けていると感じています。

　特に、その教師自身のコミュニケーション力についての議論があまりなされていません。

　飛込授業が増えてきたときに、私は次のようなことをよく話してきました。

「担任時代は、『どんな教材資料を持ってこようか』『どんな授業展開をしようか』という２点でよかったです。しかし、飛込授業では、『どんな空気をつくろうか』ということが、自分の中でも大きくなってきました」

　このことは、教師のパフォーマンス力、その中でもコミュニケーション力を特に意識するようになったということです。

「先生だから」「学校だから」といった安定した時代ではなくなってきたとするならば、先生としての在り方を変えたり考え直したりしなければいけないのです。指導理論や指導方法、指導技術だけではできないことです。教師そのものが、子どもたちに魅力あるものにならなければならないのです。ＡＩやＥラーニングとは違う、魅力ある人間としての教師であることが求められているのです。

　学校については、校則廃止、宿題廃止などといったことや、学年廃止、特別支援学級廃止といった動きはあります。マスコミにも大きく取り上げられています。

　どちらも大事ですが、教育界は、「学校変革」「制度変革」の方向にばかり行き過ぎているのではないでしょうか。従来からの教育に関する在り方、つまり、一斉指導の考え方における教師の在り方にまだまだ縛られているのではないでしょうか。

Ａ【教師固有の違いからくるパフォーマンスの違い】
○経験年数、性差、体形の違い、性格や個性の違い、得意教科領域の違い、Ｍ・Ｆ・Ｃのキャラ的な違い　※Ｍ・Ｆ・Ｃ = Mother Father Child

B【教師の身体スキルの違い】

○雰囲気、仕草、ふるまい、動き、表情

C【教師の「みる目」のヒットポイントの違い】

○子どもたちの…会話内容、言葉、表情、行為、持ち物、性格

D【教師のコミュニケーション力の違い】

○コミュニケーションの公式①の各要素の在り方（「内容」「声」「表情・態度」「伝え方の工夫」など）

　そもそも、Aの違いがあります。そこから当然のことですが、BやCも違ってきます。その上で、Dの在り方を指導レベルで考えたいのです。もちろん、子どもという相手がいるというその状況も同じではないので、万能なDなどないと思いますが、少なくともAからCを踏まえた上での、教師の在り方としてのDを考えたいのです。Dにスポットを当てた教育論、教育方法、教育技術は十分であるとは言えなかったのではないでしょうか。

　いかなる授業観であっても（教育であっても）、コミュニケーション力の育成は必要不可欠です。

第**2**章
対話・話し合いの授業の土台

【注】本書の授業記録の中で、『　　』は教師の発言、「　　」は児童の発言を示しています。

①感知して対応する シミュレーションのポイント

久後龍馬（菊池道場兵庫支部）

1　対話、話し合いの授業を支える教育観

　子どもが生き生きと輝く対話、話し合いをするためには、一人ひとりが安心して自分の想いを表現できる温かな学級風土が土台となります。教師と子どもの関係が「教える」「教えられる」といった一方通行では、対話的な授業は成立しません。また、子ども同士の関係が希薄な学級でも白熱した話し合いは生まれません。対話、話し合いの授業では、これまでの一斉指導型の授業ではあまり意識されてこなかった、縦（教師と子ども）と横（子ども同士）の関係性を豊かにすることが重要になります。

　そのための大事な教師の関わりが、子どものよさを見取り、ほめて、価値付けることです。教師がプラスの価値付けを繰り返すことで、子どもは、互いに認め合い、尊重し合うようになります。このようなプラスのサイクルの中で育まれた、やる気や自信、思いやりが、対話、話し合いの授業の土台となる温かな学級風土を育んでいくのです。

　対話、話し合いの授業の出発点は、教師の意識を「教える」から「育てる」に変えることです。菊池先生は、対話、話し合いの授業における5つのめあてを示しています。

①表のめあて………………………知識・技能／思考力・判断力・表現力
②学級経営・心理的なめあて…ほめる（失敗感を与えない）
③学習規律的なめあて…………共通の望ましい態度
④学び方、考え方のめあて……学習用語
⑤子ども同士のつながりを育てるめあて…関係性

学習指導要領で求められる「表のめあて」はおろそかにしてはいけません。しかし、子どもたちが生き生きと輝く対話、話し合いの授業を実現するためには、「学級経営、心理的なめあて」「学習規律的なめあて」「学び方、考え方のめあて」「子ども同士のつながりを育てるめあて」の４つの「裏のめあて」を意識し、学び合う力を育んでいかなければなりません。この章では、これら５つのめあてを意識し、菊池先生が学び合う力をどのように育んでいるかを、授業の分析をもとに考えます。菊池先生の根底に流れる教育観、そして、それを実現させる技術やパフォーマンスに迫ります。

２　個人と集団をつなぐ「フォロー」

　中村健一先生は、授業は「フリ」「オチ」「フォロー」の積み重ねからなると言います。教師が子どもにさせることは

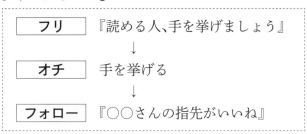

フリ	『読める人、手を挙げましょう』
↓	
オチ	手を挙げる
↓	
フォロー	『○○さんの指先がいいね』

すべて「フリ」です。そして、子どもがふられたことに取り組むのが「オチ」、教師がその姿をほめるのが「フォロー」です。これまで「指示」や「発問」など「フリ」については多くの研究がされてきました。しかし、「フォロー」についてはあまり意識されてきませんでした。「フォロー」の重要性を最初に提案したのは、上條晴夫先生です。上條先生は「フォロー」を次のように定義しています。

　フォローとは対応の技術である。とくに教師が子どもに何かを教えているときに子どもの中に生まれる気持ちや考え、両者の中に起こる心の変化に関する対応の技術である。
　　　　　　　　　『子どもが納得する個別対応・フォローの技術』
　　　　　　　　　　　　　　　　　上條晴夫監修・著（学事出版）

教師がうまく「フォロー」することで、子どもの「不安」な気持ちを取り除き、子どもが本来もっている力を引き出すことにつながります。子どもの力を引き出す「フォロー」は、個別対応の技術として意識されてきました。しかし、菊池先生の「フォロー」は、ほめられた子どもだけでなく、学級全体にも広がります。例えば、菊池先生は、「書いた人は手を挙げましょう」の「フリ」のあと、次のようにフォローします。

【よくあるフォロー】
『Aさんの指先がいいね』

【菊池先生のフォロー】
　（Aさんの指先を持って）
『Aさんの指先、見てください。これですよ、これ。指先からやる気を感じます。拍手を送りましょう』
　（再度、手を挙げる場面で）
『ほら、みんなの指先見てくださいよ。よいことをすすんで真似できる。友だちから学び合える素敵なクラスですね』

　まず、Aさんの指先に全員の視線を集めます。そして、「指先からやる気を感じる」と全体に価値付け、みんなで拍手を送ります。みんなから認められることでAさんは笑顔になります。このようにAさんと全体をつなぎながらフォローすることでAさんの自尊感情が高まり、学級全体の温度も上がります。しかも、菊池先生は、これだけで終わりません。再び挙手させる場面で、Aさんの真似をして挙手している子どもたちの姿を見取り、「友だちから学び合えるクラス」と学級全体をほめます。子どもたちは、自分のクラスに誇りをもちます。このようなほめ言葉の連鎖により、教室中にやる気と安心感が広がっていきます。
　菊池先生の「フォロー」は、個別対応に終わらず、個と集団をつなぎ、学級全体を高める、優れた「フォロー」であると言えます。

3 「オチ」をプラスにできる「前フリ」や「布石」

　菊池先生の授業では、終始、「フリ」「オチ」「フォロー」が繰り返されます。さらに、「オチ」の前には、「前フリ」や「布石」がちりばめられているのです。

　「前フリ」…本題につながるきっかけとしての話。
　「布　石」…オチがうまくできるように手段を講じること。

　「前フリ」や「布石」によって、子どもが心構えをもつことができます。例えば、拍手をさせる場面でも「前フリ」が見られます。

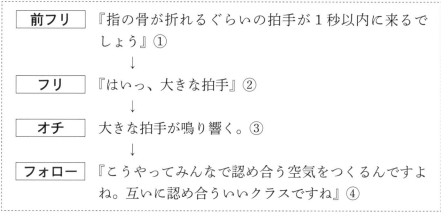

　②の「フリ」の前に①のように未来予想ぼめをします。これが「前フリ」となり、拍手をする心構えが全員にできます。また、期待を込めてほめることで、ピグマリオン効果がはたらきます。このような微細技術が凝縮された「前フリ」により、③の全員が一生懸命に拍手するという「オチ」につながるのです。そして、④の学級をほめるという「フォロー」によって、教室の空気を温め、「拍手で認め合う」という価値を全体に広げます。

　次の自由な立ち歩きで対話をさせる場面でも「前フリ」と「布石」が効果的にはたらいています。

前フリ	『立ち歩いて、動いてもらおうと思うんだけど、この クラスは男の子は男の子でかたまって、女の子は女 の子でかたまって交流しないよね。そういう保育園 みたいなことはしないよね』
	（一人の男の子に）『しないよね』
	「しません」
	『だよね』①
	↓
フリ	『では、紙と鉛筆を持ってどうぞ』②
	↓
布石	（子どもたちが動き出したら）『えらい』③
	↓
オチ	子どもたちがどんどん男女で対話を始める。④
	↓
フォロー	『えらい』『君えらいよ』『すごいですね』⑤
	『こうやってみんなで学び合う教室になっていくん だ』⑥

　ここでも①の未来予想ぼめが「前フリ」となり、男女関係なく対話を
しようとする心構えができます。そして、子どもたちが動き出したら対
話を始める前から③のように「えらい」とほめます。これが「布石」と
なり、子どもたちは我先にと男女で対話を始めます。「布石」が子ども
たちのプラスの行動を加速させるのです。そして、男女関係なく対話し
ている子どもたちを次々とほめ、「学び合う教室」と価値付けます。ほ
め言葉の連鎖により、教室の温度は一気に上がっていきます。

　菊池先生は、このようないかにも緻密に計算されたかのような関わり
を、意識することなくやっています。途中で「男女関係なく対話しま
しょう」と注意するのとでは雲泥の差です。注意からは、やる気も安心
感も生まれません。マイナスの行動を前もって感知し、未来の姿をほめ

ることで心構えをつくる「前フリ」や「布石」は、「一人も見捨てない」
「10割ほめる」といった菊池先生の教育観に基づく技術といえます。

4 行動・態度を促す「フリ」と思考させる「フリ」

「フリ」には、大きく分けて2種類あります。

一つは、行動や態度を促す「フリ」です。例えば、「立ちましょう」
「読みましょう」「やる気の姿勢をしましょう」など、教師の「指示」が
それに当たります。行動、態度を促す「フリ」は、直後に「オチ」や
「フォロー」へとつながっていきます。

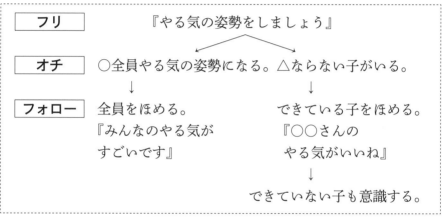

「フリ」に対して全員ができていれば、ほめて価値付けます。全員がで
きていなくても、できている子を見取り、ほめることで、できていな
かった子に意識させることができます。このような行動、態度を促す
「フリ」を1時間の授業の中で何度も繰り返し、学習規律や学び方を身
につけさせます。そして、子どもたちのやる気を高め、安心できる教室
の空気をつくります。

もう一つは、子どもに思考させる「フリ」、つまり、「発問」です。思
考させる「フリ」は、行動、態度を促す「フリ」のように単純な「フ
リ」「オチ」「フォロー」の構造になりません。どのように「オチ」へと
導くかに、教師の授業観が表れます。

白熱した対話、話し合いの授業へと導くには、どのように授業を組み立てればよいのでしょうか。

5　対話的で、深い学びにつなげる授業の在り方

　一斉指導型の授業でよく見られるのが、次のような一問一答形式のやりとりです。

　『この俳句の作者は誰でしょう』
　　（挙手したAさんを指名）「松尾芭蕉です」
　『季語は何でしょう』
　　（挙手したBさんを指名）「せみです」
　『季節はいつでしょう』
　　（挙手しているBさんを指名）「夏です」

　このように一問一答形式で授業を進めると、子ども同士の対話は生まれません。その上、挙手指名ばかりでは、一部の発言力のある子どもだけで授業が進んでしまいます。いくら思考させる「フリ」をしても、全員が思考している状態にはなりません。

　対話、話し合いの授業をめざすには、まず、この一問一答形式や挙手指名を軸とした一斉指導型の授業スタイルから脱却しなければなりません。全員に思考させる手立てとして「書く」と「対話」があります。

　自分の意見に責任をもたせるには書くことが有効です。書くことで、自己内対話が生まれ、考えを整理することもできます。

　また、自分の考えを広げたり、深めたりするには「対話」や「話し合い」が有効です。意見を伝え合い、共感したり、比較したりすることで思考が深まっていくのです。

　このような「書く」と「対話」を取り入れた対話、話し合いの授業モデルを次のように考えています。

①思考させるフリ	『ごんがうたれたとき、神様が天から見ていたらごんに何と言うだろうか』 拡げる発問	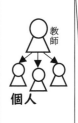 教師 個人
②書く 自己内対話	『ノートに書きましょう。書けたら黒板にも書きましょう』	
③相談	『どうしてそう思ったのと質問をして、説明し合いましょう』 ※自由な立ち歩きで聞き合う。	 教師 ペア グループ
④発表	『自分以外ので、これなかなかいいなという意見があったら教えてください』	
⑤話し合い 検討	『A「よかったね」、B「自業自得だよ」 AかB、自分はどっちがよいと思いますか』 束ねる発問	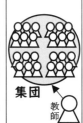 集団 教師
ステージアップ	※理由をノートに書き、自由な立ち歩きで意見交流させたあと、全体での話し合い。	 教師 個人
⑥オチ 納得解	『話し合いを通して、最終的な自分の考えをノートに書きましょう』	

（右側縦書き）インストラクター的関わり　ファシリテーター的関わり

①思考させるフリ（発問）

　発問には、「拡げる発問」と「束ねる発問」があります。「拡げる発問」は意見をたくさん出させるための発問です。「束ねる発問」は、たくさんある意見から絞っていくための発問です。授業の前半では「拡げる発問」をし、子どもたちの様々な考えを引き出します。菊池先生は『ごんぎつね』（４年国語）の授業の前半で「ごんがうたれたとき、神様が天から見ていたらごんに何と言うだろうか」という発問をしました。子どもたちは、夢中になって考え、多様な意見を考えました。優れた「拡げる発問」は、子どもたちの学習意欲を高め、思考を広げます。

②書く

　思考させる「フリ」をしたら、まずは、書かせます。書くことで、自己内対話をし、考えを整理できます。菊池先生は、ノートに書くだけでなく、全員に自分の意見を黒板に書かせました（参加型板書）。参加型板書は、みんなの意見を共有し、比べることができます。また、黒板に書かせることで、自分の意見に責任をもたせることにもなります。

③相談

　自分の意見が書けたら、ペアやグループで相談したり、質問したりします。友達の考えを聞き、さらに思考を広げていきます。また、一人で考えるのが難しかった子どもにとっては、友達の意見を聞くことがヒントとなります。教師は、相談する子どもたちの姿から「正対する」「男女関係なく相談する」などプラスの行動や態度を見取り、ほめて、価値付けます。教師が、子どもの姿を美点凝視し、価値付けることが、子どもたちのつながりを強め、互いに学び合う学級風土をつくっていきます。

④発表

　それぞれの意見を発表させ、全体で思考する材料を出し合います。「書いたら発表」「相談したら発表」と価値付け、意見をもったら伝えようとする態度を育むことも重要です。子どもは意見を書いたノートを見て発表しがちになります。最初は、それでも十分ですが、ずっとノートを読み続けていると、子どもたちの伝える力は伸びていきません。少しでもノートから目を離して発表する子をほめ、「相手意識をもつ」ことや「自分の言葉で伝える」ことを価値付けていきます。書くのは、思考を整理するためであり、「読む」から「話す」へと伝え方をレベルアップさせていきます。

⑤話し合い・検討

　複数の意見の中から、根拠を明確にして納得解に迫ります。子どもたちの思考を深め、授業が一気にステージアップします。思考を深めるためのキーとなるのは、「束ねる発問」です。菊池先生の『ごんぎつね』（４年国語）の授業では、子どもから出た意見の中から「よかったね」と「自業自得だよ」という意見を取り上げ、「どちらが、自分はよいと思うか」という発問をしました。「束ねる発問」は、このような子どもに「選択」させる発問でなければなりません。しかし、なかなか意見を

決められない子もいます。そこで、途中で意見が変わってもよいことを伝えると安心して立場を決めやすくなります。立場を決めたら、理由をノートに書かせます。理由がないのは、ただの暴論です。理由に、自分らしさが出るのです。また、同じ意見の子ども同士で相談させ、理由を増やします。相談は、考えにくい子どものヒントにもなります。このように話し合うための準備をすることで、全員が参加者になることができます。自分たちの意見を支える理由や反論をぶつけ合うことで、白熱した話し合いが生まれるのです。

　しかし、一見活発に見えても、意見の出し合いで終わったり、自己主張ばかりになったりと、深まりに欠ける話し合いもよく見かけます。深まりのある話し合いをするには、教師のファシリテート力が問われます。話し合いの流れを把握し、子どもの意見をつないでいきます。さらに、「正対して聞く」「うなずいて聞く」「メモをとって聞く」「友達につなげて話す」「質問をする」「人と意見を区別する」など、子どものプラスの態度や行動をほめて、価値付け、学習規律や学び方を身に付けさせることが重要です。教師のファシリテート力が、子ども同士の学び合う力を伸ばしていきます。

⑥オチ・納得解・絶対解

　最後に思考させる「フリ」に対して、自分の考えをもつことが「オチ」になります。話し合いの結果、全員の答えが１つに絞られ、絶対解が得られることもあれば、絶対解に辿り着かないこともあります。その場合は、理由に基づく納得解をもたせます。授業の最後に、最終的な自分の考えについて理由を示しながら書かせたり、話させたりして意見を整理させます。対話をやりっぱなしにするのではなく、個人に返して、再度、自己内対話させながらふり返りをさせることが重要です。

6　インストラクターとファシリテーター

　教師には、インストラクターとしての役割とファシリテーターとして

の役割が求められます。授業の前半はインストラクターとしての役割が、授業の後半はファシリテーターとしての役割が多くなります。

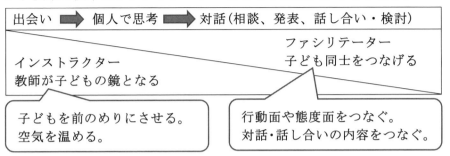

【インストラクターとしての役割】

　インストラクターとしての役割は、教室の空気を温め、子どもを前のめりにさせることです。

　そのためには、教師のパフォーマンスが重要です。笑顔や身ぶり、手ぶりなど、教師の非言語のパフォーマンスは子どもに伝染していきます。教師は、子どもの鏡なのです。教師が、笑顔で、体全体で楽しそうに授業をしていると、子どもも楽しい気持ちになり、教室の空気が温まります。

　また、子どものやる気に火をつけるには、ほめ言葉が重要です。菊池先生の授業の冒頭２分間を分析すると、発言の６割以上がほめ言葉なのです。ほめ言葉を巧みに使いながら、スピード感をもって全員を巻き込んでいます。子どものやる気に火がつき、どんどん前のめりになっていくのが分かります。

　黒板に「大人」と書きます。
『はい、読める人、手を挙げましょう、手を挙げましょう』
『早いなあ。(指先まで伸びている子の手をちょんちょんと触れながら) こういうのが美しいんだって』
『(中に入りながら) おお、すごいなあ。(菊池先生もジャンプし

て）見て、これ、ジャンプしたんですよ、今、座って（指名）』
「おとな」
『これ、「おとな」という読み方以外に読み方があるんだけど、あてずっぽうでもいい、ね、考えてみてください。隣の人と、そうだな、4秒だけ相談してもいい。はい、ぞうぞ』
　4秒と聞いて、子どもたちは、素早く相談をします。
『はい、やめましょう。早い。早いね。相談しましょうって言ったらぱっとするじゃん。やめましょうと言ったらぱっとやめるじゃない。その切り替えのスピードがめちゃくちゃ早いですね。さすがだあ。はい、相談した人、手を挙げましょう』
　たくさんの子の手がさっと挙がります。
『すごいな、やっぱり相談をした人が突きさすんだなあ。ね、また見て、このね、美しい指先の彼女の、隣の、隣の、隣のあなたに当てよう。はいどうぞ』
　ユーモアのある指名で、教室に温かい笑いが起こります。
『あてずっぽうでいい』
「おおびと」
『あっ、おおびと、おしいなあ。あなたたちのことですよ、これ』
「大人」の「大」の下に「たい」と板書します。
『隣の人に、あんたまだ分からんのかってちょっと聞いてごらん』
　子どもたちは、楽しそうに「あんたまだ分からんのか」と聞き合います。
『はいやめましょう。早いでしょ、切り替えが。はい、相談した人。なんて読むんでしょうか。はいどうぞ』
「たいにん」
「人」の下に「じん」と板書します。
『今ね、撮ってもらってるから（カメラを指す）巻き戻します。はい、相談した人』
　ユーモアで間違いをフォローし、間違えた子をもう一度指名し

ます。
「たいじん」
『大正解、すごいなあ、ねっ、たいじんて言うんですよ』
　みんな笑顔で、拍手を送ります。
　教室は、3分もしないうちに一気に温まりました。

　菊池先生の笑顔や身ぶり、手ぶり、握手、ジャンプといった非言語の
パフォーマンス。巧みなほめ言葉の連続。そして、ユーモアあふれる対
応により授業冒頭で教室の空気が一気に温まりました。そして、ほめる
ことで「挙手の仕方」「切り替えスピード」「拍手で認める」などの学習
規律を意識させます。菊池先生は、飛込授業の冒頭で次のようなことを
積極的に仕かけることにより、子どものやる気を高め、教室の空気を温
めていると言います。

1　ほめて、認めて、はげます声かけ
2　拍手する
3　小刻みに動かす
4　握手（ハイタッチ）をする

　菊池先生の授業には、このような技術に加え、スピード感がありま
す。テンポのある楽しいやりとりで子どもたちを巻き込んでいきます。
まさに、ジャズ＆ショーです。アメリカの教育学者ウィリアム・アー
サー・ウォードは、次のような言葉を残しています。

『The mediocre teacher tells. The good teacher explains.
　The superior teacher demonstrates. The great teacher inspires.』
　（平凡な教師は言って聞かせる。よい教師は説明する。優秀な教師は
やってみせる。しかし最高の教師は子どもの心に火をつける。）
　菊池先生は、豊かなパフォーマンスとほめ言葉によって、子どもの心
に火をつけ、教室全体を前のめりにしていくのです。

【ファシリテーターとしての役割】

　ファシリテーターとしての役割は、子ども同士をつなぐことです。教師がファシリテートすることは2つあります。

〈子どもの行動や態度をつなぐ〉

　学び合いの心構えや話し合いのグランドルールを子どもたちとつくっていきます。基本は、子どもの好ましい態度や行動を見取り、ほめ、価値付けます。

■「一人が美しい」

> 『○○さん立ちましょう。ほんと、めっちゃ「一人が美しい」ですね。先生は、こういう一人でたたかう人を見たら、めっちゃ興奮するタイプなんですよ』

　周りに流されることなく、一人でも自分の意見を主張できる子を価値付けることで、自分の考えを大切にし、一人でも芯をもって行動できる子を育てていきます。

■「一人をつくらない」

> 『あなたたち、すごいですね。自分から立って。あなたたちは、（黒板に「一人をつくらない」と板書する）これが、完璧にできていますね。一緒にやろうって、やるでしょ』

　対話活動に入る前に、一人ぼっちができないように期待を込めて前フリをします。「一人をつくらない」ことを価値付けることは、誰とでも対話できる雰囲気をつくることにもなります。

■自分の言葉で言う

> 『自分の言葉で言いましょう。たぶん、絶対、全く同じって言うことはない。そこに自分らしさが出るんだね』

指名されると「○○さんと同じです」と言う子がいます。このような時は、毅然と自分の言葉で言い直しをさせます。自分の言葉で伝えるということは、対話、話し合いの授業の土台となる学習規律です。

■意見を変える

> 『(一番前に座っている子に)最初に、ぼくは何番だと思っていたんだけど、みんなの意見を聞いて変わるのはありか、なしか』
> 「…あり」
> 『先生もそう思う。変わっていいんですよね』

意見を変えることに抵抗をもっている子どもがいます。意見を変えてもよいということを話し合いの前に伝えることで、子どもは安心して意見を決めることができます。

■連続質問

> あなたたちは、一人をつくらず対話できます。で、(黒板に「連続質問」と板書する)これができたらもっとすごい。質問して、「なぜ」とか言うでしょ。で、答えてくれるよね。で、「どうして、どうして、もっと詳しく教えて」というように連続で質問するの。いい。できそうですか』

自由な立ち歩きで対話をさせる時、互いの意見を伝え合うだけでは、深まりません。相手の意見を深掘りしていくには、質問が有効です。「連続質問」という学び方を伝え、対話がより深まるようにファシリテートしています。

■「さんぽ」をする

> 『Bが多いでしょ、Aが少ないでしょ。自分の支持する立場ではない立場に意見を変えて話し合うことを「さんぽ」と言います。「さんぽ」ができる人は、立場を変えても自分の意見をつくってみようと思える人ですね。論理的に考えようとしている証拠ですね。はい、BからAに「さんぽ」に行きたい人いませんか』

「Aか、Bか」というような二項対立で話し合いをするとき、意見に偏りが出ることがあります。そのような場合、「さんぽ」を促します。「さんぽ」の価値を伝え、「さんぽ」させることで、話し合いが白熱します。

菊池先生は、このように子どもたちの態度や行動をほめて、全体に価値を広げることで、対話、話し合いにおける学習規律や学び方を身に付けさせます。

〈子どもの意見をつなぐ〉

教師が、もう一つファシリテートすることは、対話や話し合いの内容です。複数の意見から納得解に迫る場合は、少数派の意見から潰していき、最後は二項対立になるようにファシリテートします。しかし、教師が、1年間、話し合いの内容をファシリテートし続けるわけではありません。教師が、モデルを示すことで、子ども自身が論点のずれに気づき、修正するようになっていきます。さらに、つながり合うための発言指導を行い、相手の意見を受けて発言する力をつけていきます。

『風切るつばさ』（6年国語）の授業では、「クルルの気持ちががらりと変わったのはどこか」について話し合いました。

ただ1人⑪の文だと考える子がいます。
『⑪の人、立ちましょう。理由を言いましょう』
「飛べなかったクルルが飛べるようになったから」
『反対意見を言ってもらいます』
「ここは、なんか、その気持ちじゃなくて、行動っていうか、クルルが飛んだってことを言っているんで、気持ちが変わったわけじゃないから、ここじゃないと思います」
『行動と気持ち、なるほどね、それは違うんだという意見ですね』
『自分の言葉で言いましょう。はいどうぞ。たぶん、絶対同じってことはありません』
「この文は、気持ちじゃなくて、体がどうなったかっていうのを説明しているので違うと思います」
『ああ、そこががらりと変わったところではないというわけね』
　⑪だと主張する子に問いかけます。
『どうしますか。いや、それは違うって言ってもいいんだよ』
「気持ちは変わっていなくても、クルルを表現している言葉が、すごい明るくなったから、⑪だと思います」
『行動にも、そこから気持ちが分かるんだ。だから、この文は、明るくなったという気持ちを表しているので、がらりと変わったところだって思っているわけね』
『さあ、どうしますかね。行動にも気持ちが表れていて、明るい気持ちが、その行動が、⑪の文からも分かると。はい。○か、×か。ノートに書きましょう』

　菊池先生は、まず、子どもの意見を受け止め、共感します。そして、子どもの意見を整理し、その考えに賛成（○）か、反対（×）かを全員に問いかけます。このように、一人ひとりの意見を引き出し、生かしながら、子どもの思考や発言をつないでいます。

7　教室にプラスの感情のサイクルをつくる

「死ね」「うざい」…荒れた言葉が飛び交う教室。

　互いに友達の顔色をうかがい、自分の想いが出せない教室。

　立場の強い子、弱い子がはっきりしている教室。

　このような教室では、対話的な授業は成立しません。子どもが生き生きと輝くような対話活動を成立させるには、安心して発言できる学級風土が必要です。そのためには、教師と子どもの縦のつながりと子ども同士の横のつながりを豊かにし、「Win-Win-Win な関係」を築いていくことが重要です。

　つながりを豊かにするための出発点となるのが、子どものプラスの考えや行動を見取り、ほめて、価値を広げていくことです。授業中、子どもをほめて、全体に価値を広げることは、下の図のような Win-Win-Win のプラスの感情のサイクルを生み出すことにつながります。

　次の場面では、菊池先生は、子どものプラスの行動を瞬時に見取り、ほめ、全体に価値を広げ、プラスの感情のサイクルを生み出しています。

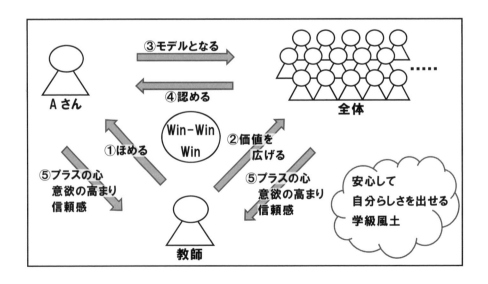

『今4人の人が言ってくれたのと全く違うこと書いた人いますか』
　3人が挙手しました。
『いる、いる、ちょっと君、立ってみて。あのさ、ちょっと言っていい。（胸を押さえながら）ここが弱い人は、友達が手を挙げていないから、ぼくも、私も手を挙げるのやめたと思って手を挙げないこともあるんですよ。でも、彼は、周りの誰が挙げてるとか関係なく、自分はまだ違うことを書いているから、堂々と最初に手を挙げた。こういう人がかっこいいんですよ』（①ほめる）
『いい。いらないときの音は出さない。やる気の姿勢をするときにはする。自分がそうだと思ったら、たった一人でも堂々とやる。これが4年生ですよ』（②価値を広げる）
『もう拍手を送るしかないよね』
　教室中に大きな拍手が起こります。（③モデルとなる　④認める）

　Aさんをほめ、「自分がそうだと思ったら一人でもやる」と価値を全体に広げます。Aさんの行動が素晴らしいと感じた子どもたちはその価値を認め、拍手を送ります。
　そして、菊池先生は、さらに価値付けをします。

『こうやって、ピシッとするときにはする。一生懸命するときにはする。だからいい教室になっていくんですね』（②価値を広げる）

　俄然、Aさんはやる気になり、前のめりで学習に取り組みます。そして、Aさん以外の子どもたちも自分の意見を言おうと手が挙がるようになりました。（⑤プラスの心・意欲の高まり・信頼感）

このように、子どものプラスの考えや行動を見逃さずに見取り、ほめて、全体に価値を広げることは、縦のつながりや横のつながりを強めていきます。このようなプラスの価値付けの繰り返しによって、誰もが安心できる温かい学級風土が醸成されていくのです。

でも、子どもたちは、プラスの考えや行動をいつもするとは限りません。教室に間違いや失敗はつきものです。しかし、菊池先生は、間違いや失敗ですら、ほめて、価値付け、プラスのサイクルを生み出すのです。

> 『ここに漢字書くから、読めるぞって人はやる気の姿勢を見せてください。（ささやくように）読めない人も、音を消して（普通の音量で）やる気になる準備をしてください』
>
> 　菊池先生が「詩」と板書し終えた瞬間です。いつも衝動的に声を発してしまうBさんが「し」と答えを言ってしまったのです。

このような子どもの失敗にどのように対応されますか。「みんなで勉強しているから声に出してはいけません」などとBさんを注意するのではないでしょうか。

菊池先生の対応はこうでした。

> 　菊池先生がBさんに近づいていきます。Bさんが叱られるのかと教室の緊張感が高まります。全員の視線が菊池先生とBさんに集まります。
>
> 『君、反応いいね』（フォロー）
>
> 　子どもたちは、菊池先生の意外な対応にあっけにとられます。
>
> 　これは、失敗に対するフォローです。
>
> 　そして、次のように聞きました。
>
> 『彼が、今、ぼそっとつぶやいたことを聞いていた人』
>
> 「し…」
>
> 『そう、だから、その誰かが言ったのを聞いていた人』

数名が手を挙げました。菊池先生は、手を挙げているAさんのところに近づきます。

『いいじゃん、君。いいじゃん』（①ほめる）

『やる気の姿勢が苦手でも、はい立って、立って、彼、今、誰かが言ったのを聞いていました』（②価値を広げる）

『彼に言ってもらうので正解だったら大きな拍手をしてあげてください。はい、なんていう声が聞こえてきた』

「『し』って聞こえました」

『はいっ、大正解』

　教室中がAさんに対する大きな拍手に包まれました。（③モデルとなる　④認める）

　温かい空気が教室中を包みます。Aさんはふだん長い時間集中するのが難しい子どもです。みんなから拍手をもらったAさんは1時間、前向きに学習に取り組みました。（⑤プラスの心・意欲の高まり・信頼感）

　もし、答えを言ってしまったBさんを注意していたら教室にマイナスの空気が生まれたでしょう。菊池先生はBさんの失敗をフォローしたあと、その失敗を生かしてAさんをほめて価値付け、プラスのサイクルを生み出しました。

　プラスの考えや行動だけでなく、失敗もプラスのサイクルにつなげる。これこそ菊池先生の「10割ほめる」という教育観のなせる技です。

8　技術、パフォーマンスを支える教育観を磨く

　この章で分析してきたように、菊池先生は、対話や話し合いを通して「表のめあて」「学級経営・心理的なめあて」「学習規律的なめあて」「学び方・考え方のめあて」「子ども同士のつながりを育てるめあて」とい

う５つのめあてを意識し、学び合う力を育んでいます。授業を分析していくと、菊池先生の優れた技術やパフォーマンスに目が行きがちになります。しかし、子どもの見せる一瞬の態度や行動を見取る菊池先生のまなざしにこそ、学ぶべきものがあります。

　そのようなまなざしの原点にあるのは「10割ほめる」「一人も見捨てない」といった菊池先生の教育観です。技術、パフォーマンスを高めるとともに、根幹となる教育観を磨くことが、子どもが生き生きと輝く対話、話し合いの授業を実現する柱であると言えます。

②対話・話し合いの授業をめざす教師の「発言の受け止め方」基本の必須パフォーマンス9

江﨑高英（菊池道場兵庫支部）

　対話や話し合いの指導は、学級づくりと連動しており、教室の中に安心して自分の思いを出し合える関係性や、言葉そのものに対する信頼感など、感覚や感性で受け止める要素が大きく影響しています。

　しかし、子どもの対話・話し合いをどう指導し、どう動かすかばかりに目を奪われ、子どもの言葉を受け止める側の教師の姿勢やパフォーマンスが、子どもたちの学びや育ちに対してどれほど大きな影響を与えているかについて無頓着な教師があまりにも多いように感じています。

　そこで、この節では、全ての対話・話し合いの指導はここから始まると言っても過言ではない『教師の発言の受け止め方』と、その基本となる必須パフォーマンスを８つのポイントを通して考えていきたいと思います。

ポイント１　口角を上げた笑顔で視界に入る
　◎口角を上げた笑顔を基本形にする
　◎自分が今、どんな表情をしているのか、常に自覚しておく

ある時、次のような実験をしてみました。

・学級をＡとＢ、２つのグループに分けて、一方のグループが顔を上げている間、もう一方のグループは顔を伏せておく。
・２つのグループに順に教師は表情だけ見せ、どんな気持ちが伝わるのかを想像させる。

この後、それぞれが受け取った教師の気持ちを発言させたのですが、

ＡグループとＢグループの子では、全く違う発言が続くのです。不思議に思う子どもたちに『なぜ、このようなことが起こるか』と問うと、すぐに「教師の表情が違ったから」と気づきます。

　この活動は、子どもたちに表情のもつ影響力を実感させることをねらいとしています。Ａグループへは、教師が真剣な表情を見せますが、Ｂグループへは、口角を上げた朗らかな笑顔を見せます。

　子どもたちは先生の表情にとても敏感です。先生は真面目な顔を心がけているつもりでも、子どもにとって真剣な顔や真面目な顔は「怒っている＝減点法で評価されている」という「評定者」としての受け止め方ばかりが際立ちます。それらが積み重なることで、教室に重い空気が支配するようになります。

　そこで、私たちが常に心がけたいのは【口角を上げる】ということです。口角を上げるとは、文字通り、唇の両端をきゅっと上げることです。口角を上げることで、連動して目じりや眉も下がり、朗らかな笑顔をつくることができます。

　教師は、常に明るく、上機嫌でいたいものです。口角を意識して上げるということは、自分の表情を意識してコントロールすることにほかなりません。他者から自分の表情はどう見られているのか、見え方に対する影響力を考えながら、よりよいコミュニケーションを成立させる媒介としての自分の在り方を常に見つめ直そうとすることが大切です。

ポイント2　まなざしで語りかける
　◎どんな状況でも全員が「見られている」感覚をもてるように
　◎まなざしを場面に応じて使い分ける

　以前、学級の子どもから「先生は目が優しくて、いつも笑っているように見える」と言われたことがあります。また、別の子どもはふり返りの中で「いつも自分のことをきちんと見てくれているので、頑張ろうという気持ちになる」と書いてくれました。これらのことからも分かるよ

うに、子どもたちは先生のまなざしや視線を敏感に受け止めているようです。

「目は口ほどに物を言う」と言います。教室でも、教師のまなざしや目線は重要な要素です。特に、豊かな対話・話し合いが成立する学級をめざして、教師が子どもの発言を受け止める上では特に大切にしたいです。

まず、その子の目をしっかりと見据えることを意識します。目を見るだけで、その子の発言に向かう気持ちが伝わってくるものです。さらに、発言内容など言語情報を聞き取るだけでなく、表情や動きなどの非言語情報をしっかりと見取っておかなければ、そのあとの教師のリアクションが生きたものにはなりません。

次に、様々な状況を想定しておく必要があります。教師の目の前にいる子から、遠く後ろの方にいる子まで、教室の内外に関わらず、子どもは様々な場所から発言します。どの場所にいる子どもに対しても、教師のまなざしを実感できる受け止め方を意識しておきたいです。

また、教師の聞く姿勢も、授業の状況によって様々です。子どもに正対し、目線だけでなく全身で聞こうとする姿勢はもちろん重要ですが、板書しながらや、話し手以外の聞き手の状況を掴みながら聞くことも教師にとっては重要な行為です。その際も、一定の割合以上のタイミングで話し手と目を合わせることを意識しておきたいです。

ポイント3　息遣いを合わせるようにあいづちを打つ
　◎ほめ言葉となるあいづちを口ぐせにする
　◎タイミングのよいあいづちで、子どもの話を促す

学級でこれから大切にしたいことを漢字一文字で表すという活動に取り組みました。個人で考えさせたあと、4人グループで意見を出し合いました。

- 司会役の子が、順に意見を聞いていく
- 話し手が意見を言ったら、「いいねえ」「なるほど」と全員で声を出しながらあいづちを打ち、誰のどんな考えも認めていく
- 出された意見の数を数え、他のグループと競い合う

　対話・話し合いの活動においては、おおよそ二つの段階があると考えられます。それは、多様な意見を出し合って考えを「広げる」段階と、出された意見を吟味し、よりよい意見を選ぶ「絞る」段階です。

　意見を「絞る」ためには、よい意味で意見を潰し合うことも必要であり、対話する当事者同士の関係性や言葉に対する信頼感が醸成されていなければ、なかなかうまくいきません。まずは、学級全体の子どもたちが、呼吸を合わせるようにあいづちを打つことの価値を共有できることが大切であり、その第一歩となるのは、モデルとなる教師の受け止め方なのです。

　まず、子どもの発言のリズムに合わせてあいづちを打つことから始めます。「ああ」「そう」「うん」「へえ」「ほう」などという簡単な言葉を挟むだけでも、相手に受け止められている印象を伝えることができます。その意味では、これら短い言葉も相手の全てを認めて受け入れるための「ほめ言葉」であるとも言えます。

　次に、「いいねえ」「なるほど」「さすがだなあ」「やるなあ」「それあるよね」「たしかに」などの言葉かけも大切です。これらの「ほめ言葉」が口ぐせのように常に口を衝いて出るからこそ、子どもは安心して発言することができます。

　また、これらの言葉かけをタイミングよく子どもの発言に挟むことで、子どもの発言自体のリズムを整え、相手の話を促したり、説得力や表現力を磨いたりする効果もあると考えられます。

◎全身を使って、相手の視覚に訴える
◎ジェスチャーを効果的に使って活動の布石を打つ

　人の行動が他人にどのような影響を及ぼすのか表したものとして『メラビアンの法則』が有名です。これは感情や態度について矛盾したメッセージを発せられた時、人は他人のどのような行動に影響を受けやすいかを端的に示したもので、話の内容などの言語情報が7％、口調や話の早さなどの聴覚情報が38％、見た目などの視覚情報が55％とされています。つまり「何を話すか」という内容面よりも「どのように話すか」「どのように伝えるか」といった態度面こそが大切だと言えます。

　これは、子どもの話を受け止める場合も重要な要素となります。前述のようにあいづちを打つ場合も、「深くうなずきながら」などの動きを交えるだけで、教師が関心を強くもってくれていることを話し手や周囲の子どもたちに暗に伝えることができます。

印象に残る先生のジェスチャーとは？
・うなずきながら「やるなあ」　・手をポンと打ちながら「なるほど」
・拍手しながら「さすが」　　　・OKサインを出しながら「いいね」
・黒板の前まで小走りで出て来て「さあ、やるぞ」
・握手をしようと手を伸ばしながら「素晴らしい」

　また、周りの子どもたちも、話し手の話を先生がどのように受け止めるのか、関心をもって見ています。もちろん教師が誠実に受け止める様子を示すことは最低限必要なことです。しかし、それだけに留まらず、子どもたちが能動的に話し手の話を受け止めるための布石を打つことまで意識しておくことが、長期的視野で学級づくりを考えた場合、大切な要素になり得ると考えられます。

学級全体を動かし育てるためのジェスチャーとは？
・話の終わりにみんなの拍手で盛り上げようと促す、拍手のポーズ
・話し手に視線を集めるように促す、全員の背中を押すような動き
・メモを取ることを促す、聞き耳とペンを持って書くポーズ

　私たち教師は、コミュニケーション豊かな人を育てるために、ちょっとした動き一つにも心を配れる者でありたいです。

ポイント5　相手の話を繰り返す
　◎子どもが伝えたい主旨を強調し、明確化する
　◎先を促し、話の方向性を整える

「先生は子どもの発言を、絶対に繰り返してはいけない」－先輩の先生にそのように教えられた方も多いのではないでしょうか。実は私もその一人です。発言を繰り返すと、いつまでも教師に甘えて、自分で考えて発言を組み立てようとせず、発言の意欲は下がっていくとの教えでした。ですから若い頃は、子どもの話は何も繰り返したりせずに聞くものだと自分を戒めていました。

　しかし、対話・話し合いの授業において、考えをつくったり、広げたりする段階では、子どもの発言をあえて繰り返すことも、子どもの発言の重要な受け止め方の一つと言えるのだと実感するようになりました。

　例えば次のような場面が挙げられます。

　【ごんぎつね】の授業で、「大好きな兵十にうたれたから、ごんは幸せではないと思います」という子どもの発言に対して『大好きな兵十にうたれたから、なんだね。なるほど、深いなあ』

　子どもの発言を繰り返す場合は、ねらいをもって行います。子どもの発言の主旨は何なのか、焦点化すべき点はどこなのか、咀嚼した上で繰り返すことが大切です。

この事例のような発言を聞いた場合「ごんは幸せではない」という立場（答え）にのみ捉えがちですが、「うたれた事実」ましてや「大好きな兵十に」という子どもの中の発言の意図をくみ取り、論点を明確化させることで、その後の話し合いがより深い内容に進んでいくことが期待されます。

　これまで諸先輩方から指摘されたように、何の意図も戦略もなく、何でもかんでも子どもの発言を教師が繰り返すことは慎むべきです。全ての発言をそのまま板書するのかという問題と同様、全ての発言を原文通りそのまま繰り返すのか、加工してはだめなのか、などと型にはまった考え方にとらわれず、子どもの様子や反応を観察しながら、自在に使い分けていくことも大切です。

ポイント6　言い替えたり、翻訳したりをする
　◎発言者の意図をくみ取る
　◎細部まで聞き取り、瞬時に言い替える

　ポイント5と同様に、子どもの発言を言い替えたり、翻訳したりすることも大変有効な受け止め方です。

　例えば、前述と同じ子どもの発言に対しても、教師のねらい次第では、全く違う受け止め方となります。

　【ごんぎつね】の授業で、「大好きな兵十に、うたれたから、ごんは幸せではないと思います」という子どもの発言に対して『大切に思う相手に引き金を引かせてしまったから、幸せではないんだね。めちゃくちゃ深い考え方をするなあ』

　この事例においては「大好きな兵十にうたれた」を『大切に思う相手に引き金を引かせてしまった』とあえて言い替えています。もちろんそのような発言の意図を子どもの中に感じ取ることができたからこそ、教師はこのような思い切った言い替えに踏み切ることができます。

これまで私が出会った、抜群に授業がうまいなあと思える先生ほど、このような発言を受け止める際の感性がずば抜けて優れていました。子どもの発言の主旨を強調したり、ぼんやりと伝わりにくい内容を際立たせたりするために、子どもの発言の細部まで聞き取り、瞬時に判断して言い換えたり、翻訳したりすることは、かなりの技術を要しますが、深い対話や話し合いを成立させる糸口をつくるためには、積極的に活用したいポイントの一つと言えます。

ポイント7　質問する
　◎一番の理解者となるために質問する
　◎的確な質問で、発言の意図を明らかにする

対話・話し合いに力を入れている学級であっても、最初から話の上手な子ばかりではありません。子どもによってはまだまだ稚拙な発言も多く、教師を含む聞き手が意図をくみ取れない場合も少なくありません。そんな時に私たちは「内容はともかく、発言さえできればよい」や「頑張って話す姿が見られればよい」と考えがちです。

　私たち教師は、どのような子どもの、どのような発言に対しても、一番の理解者でありたいものですが、本当に理解したいと望むのなら、私は次の事例にあるように、子どもの発言に対して問い返すことを恐れてはならないと思います。

【ごんぎつね】の授業で、「ごんのつぐないなのに、兵十たちに神様にお礼を言うのがいいと言われたし、最後に兵十にうたれたから、ごんは幸せではなかったと思います」と発言した子どもに対して『今の発言には二つの内容が含まれていたと思うけど、神様と思われたことと、兵十にうたれたこと、選ぶなら、どちらをみんなに伝えたいですか』と質問した。

この場面は、子どもの発言の理由づけに二つの内容が含まれていると

判断したので、どちらの理由づけを強く伝えたいのかを質問した場面です。

　対話や話し合いにおいては、「誰が」言うか、「どの立場」で話すかということよりも、「理由」は何か、何を「根拠」にしているかを検討し合うことが重要です。それなのに、案外子どもの話す理由づけに無頓着な場合も多いのではないでしょうか。

　焦点化された発言だからこそ、それぞれの意見を比較・検討することができるのです。そのために、学級づくりの初期段階から子どもの発言については、ある意味厳しく精査していくことも重要です。もちろんここで言う「厳しく」とは、教師の聞き逃さないという姿勢を表しており、指摘するよりも、子どもの発言の細部を聞き取り、その意図や思いに感心することや、もっと深掘りしたいから聞き直しているという姿勢こそ大切にしたいものです。

ポイント8　フォローする
　◎どんな発言も受け止めて、フォローするぞという覚悟を決める
　◎フォローをしながら、対話を通して意見を深める

　子どもは様々な場面で間違えます。私たち教師は、子どもが間違えたときにどのような気持ちになるか、敏感でありたいものです。

　中でも相手のいる対話や話し合いの中での間違いは、多かれ少なかれ子どもの心にダメージを残します。そこを最小限にするために、そして一人ひとりが間違いを受け止める強さと、そんな互いを許容し合える優しさをもった学級集団に育てていくために、子どもの発言を受け止める際の教師のフォローは、特に重要な要素の一つです。

　フォローの名手である菊池先生の言葉かけからは、私たちが学ぶべき教師のフォローの在り方を見ることができます。

〈意図していなかった意見や間違えた意見が出された時〉

・別の場所で答えをそっと耳打ちし、その後『ビデオを巻き戻すね』と言いながら、あらためて『どうぞ』と発言させる。

・『なるほど、Aなんですね。ところで、Bについてはどう思いますか？』と正しい考えについての意見を尋ねる。発言したあと、周りの子どもたちに対して『最初とどこが違ったか言える人？』と聞き、周りの聞き手をほめることで、話し手が間違いを修正したことや、周りが話の違いを聞き取ったことをほめることで、フォローを超えた逆転現象を生み出す。

〈問いに対して全くずれている考えが出された時〉

・『なるほど』『そうきたかあ』『すごい変化球を投げるなあ』などと受け止めたあと、笑顔で『残念（惜しい）』『さあ次に行きましょう』とさりげなく次に進める。

「失敗感を与えない」「どんな発言も絶対に受け止める」という強い意志を教師はもっておく必要があります。学級の成熟具合や子ども同士の関係性の深まりに応じて、フォローを必要とする割合はもちろん変化していきます。そういった状況を常に敏感に感じ取りながら、柔軟に子どもの発言を受け止められる存在でありたいものです。

ポイント9　板書する

◎発言を受け止めながら板書する

◎黒板の5分の1を使い、気づきと学びを共有する

板書は意図的に選んだ言葉が並ぶものです。板書をどのように授業や学級づくりに生かしていくか、指導者として綿密に考えておきたいです。

それは発言を受け止める際も例外ではありません。発言を受け止めながら板書する際の留意点として次のことが考えられます。

- 子どもに正対しながら板書することは不可能。発言を聞きながら書く場合は、話し手に対して半身で、うなずいたり、「なるほど」「いいね」などとつぶやいたりしながら書く。
- 発言を受けて、教師が書く様子や書く内容を強調したい場合は、背中を向けながらでも、一字一字しっかりと書く。
- 話し手の意図や思いを受け止めながら、焦点化した内容や語句を端的に書くようにする。
- 簡単な絵図や表を活用したり、色チョークや矢印を使って、意見の分布や関連づけを表したりするなど、子どもの発言を構成要素とした構造的にまとめられた板書をめざす。

上記以外にも、黒板の左側5分の1程度の場所を活用しながら、学級の個と集団を育てるための指針を示すことも大切にしていきたいです。

菊池実践の一つである「黒板の5分の1」を効果的に活用する際の留意点は以下の通りです。

- 実際に見られた子どもの行動や姿（事実）とその事実のもつ価値をまっすぐな言葉として伝えながら、その価値にふさわしい文言を「価値語」として記述する。
- 「価値語」として用いられることの多い用語に【やる気の姿勢】【切り替えスピード】【一人が美しい】などがある。全員が気持ちよく学び合うための視点として示すようにする。
- 教師側の思いだけで「価値語」を押しつけることにならないように気をつける。「教師の見取り」と、その話題を出すための「前ふり」や「布石」があってこそ、「5分の1黒板」の記述は効果的に子どもに伝わるものになることを留意しておく。

黒板を学習における内容面だけの記録として使うのはあまりにももったいない話です。教師の子どもを育てる意図と戦略をもって活用していきたいものです。

③-1 子どもたちをつなげ巻きこむ 教師のパフォーマンス力

菊池省三（菊池道場道場長）

「子どもたちをつなげ巻き込む指導」の前に、飛込授業後にいただいた子どもの感想から、教師のパフォーマンス力について考えてみます。

「『楽しかった道徳』

　きんちょうするかな、と思っていましたが、ぜんぜんそんなことなくて、優しそうで面白い先生でした。きっと、動物の本能的な何かで、いい人だって判断したんでしょうね。気づかせない程度に、目標を立てて、分かりやすい先生でした。また、授業を受けたくなるような、そんな先生でした」（2020年（令和2年）6月24日滋賀県湖南市6年生）

○「きんちょうするかな、と思っていましたが」

　本来、子ども（子どもたち）がもっている

・初めてであってもこの人（教師）と学ぼうという「からだ」がある

・人（教師）と学ぼうという場（教室）の意識がある

　ということが分かります。

○「ぜんぜんそんなことなくて、優しそうで面白い先生でした」

　菊池が行ったことは、「命の次に拍手が好き…」と言いながら再度教室に入り直したことと、「みなさんと会えることを楽しみにしていた…」と簡単な自己紹介をした、この二つでした。

○「きっと、動物の本能的な何かで、いい人だって判断したんでしょうね」

　子どもを完全に理解はできないのだから、子どもたちの前では教師は謙虚でなければいけないと思っています。

○「気づかせない程度に、目標を立てて、分かりやすい先生でした」

　このことは、5分の1黒板での「価値語」で学ぶ心構えや学び方を示し、全員参加を促したことを言っているのでしょう。

○「また、授業を受けたくなるような、そんな先生でした」

　数年前から、「どんな教材資料を持ってこようか」「どんな授業展開にしようか」と在職中から考えていたことに、「どんな空気をつくろうか」ということを考えて飛込授業を行っているとよく口にしています。そのあたりにも子どもなりに気づく、直観力の鋭さに驚かされます。

　また、次のような感想をもらいました。
「人が発表する時は、きくち先生が勉強を愛しているという感じょうがよくとどきました」
「友だちが発表する時、すごくささやかなつぶやきまで、1つも聞きのがさないぐらい耳をかたむけてくれるのでうれしかったです」
　4年生の感想です。45分の1時間でも、子どもたちとのつながりを改めて感じることができ、嬉しい気持ちで何度も読み返しました。
　このような感想もありました。
「なんかいいことをいったような気持ちになりました。（ありがとうございました）」
　これは3年生です。一生懸命に話したことに対して、その発言内容を一番の応援者として受け止めつつ、その内容を一緒にふくらませ、その価値付けを教室の友だちに私なり伝えたからでしょう。

　コミュニケーションを重視した授業では、子どもとつながり、子ども同士をつなぐ、教師のパフォーマンス力が求められます。
　子どもたちをつなげ、巻き込む力です。教師のパフォーマンス力です。今までの知識や情報を伝えるだけではなく、学びに向かう構えを子どもたちの中に育てる力が我々教師には求められているのです。

③-2 子どもたちをつなげ 巻き込む指導 17

篠原肇（菊池道場北九州支部）

　菊池先生の授業の記録動画を分析したものを中心にして、「子どもたちをつなげ巻き込む指導」の 17 のポイントを整理します。

①　笑顔になる言葉でスタートする

　授業の初めの空気感はとても大切です。なぜなら、子どもたちは「今日はどんなことを勉強するのかな」と楽しみにしていたり、「うまくできなかったら、どうしよう」と不安に思ったりしているからです。いい緊張感をもたせながら、笑顔で「よし、頑張るぞ！」とスタートさせる空気をつくっていきましょう。

【授業開始の号令の後】

　教師は、何も言わずＡくんの所に行き、横に立つとみんなの方を見て、『みんな、Ａくんの姿勢見てごらん。背筋が伸びて、びしっとしているね。これから、みんなで学び合うぞ、という気持ちが伝わってきます。いいですね』－「びしっ」というところを強調して、大きな声で言った。教室にピリッとした空気が生まれ、みんなの姿勢がよくなった。『Ａくんの姿勢をほめたら、みんな真似しようとしたね。人のよさを真似し合える教室って素敵だね』－優しい表情で語りかけるように話した。みんなの姿勢と気持ちがそろい、一体感が出てきた。『よし、みんなで学び合うぞ！あまりにも嬉しいから、もう一回挨拶してもいい？』と笑いながら聞いた。子どもたちは、「うん、いいよ」と笑顔で、元気よく答えた。

　授業を笑顔でスタートさせるには、まず教師が笑顔になることです。笑顔を意識することも大切ですが、子どものよさをほめる時は、自然と

笑顔になります。どんな小さな頑張りも見逃さず、『みんなで学び合おうとしているんだね』とほめてあげたいです。教師の表情が、子どもの集中や安心感を生み出し、教室の一体感につながっていきます。

② 期待感を自分の言葉で表す

　教師は、授業の中で子どもたちがつまずくことを予想して、あらゆる手段や言葉かけを用意します。それは、とても大切な心構えです。しかし、始まる前に、『きっと、きみたちはできるよ』『うまくいかなくても、フォローするからね』と、言葉にして伝えることは少ないです。プラスの未来予想を言葉にすることで、教室に安心感と意欲が生まれます。

【授業の最初に】

　教師がノートを手に取り、『Aさんの昨日のふり返りを読みます』と言って、読み始めた。『私は、勇気を出して発表しましたが、間違えてしまいました。でも、そのあとに、Bくんが正しい答えを発表してくれました。自分がどこでつまずいたか、よく分かりました。私は、Bくんに感謝したいです』。みんなは、真剣に耳を傾けていた。先生は、黙ったまま黒板の左端に「意見を太くする」と書いた。

『Aさんは、自分の間違いに気づかせてくれたBくんに感謝しています。でも、Aさんの発言があったから、Bくんの意見が輝いたのです。意見というのは、間違いとか正しいだけではなくて、つながっているのです』。Aさんの目に力が生まれたのが分かった。子どもたちの真剣な視線を感じながら続けた。『たとえその意見が間違っていても、少しずれていても、君たちは、そこで終わりにしないで、よりよい意見を出し合おうとするんだよね。それが、○年○組なんですよね』－一人ひとりに言い聞かせるように話した。子どもたちの姿勢や表情が、学び合いに向かおうとしているのを感じた。『今日も、みんなで意見を太くしていきましょう。楽しみです』。最後は、両手を広げて、笑顔で言った。教室が「よし、やるぞ」という空気に包まれた。

子どもたちは、○年○組という、自分の所属に誇りをもっています。授業中は、個人的にできた・できなかったという部分に焦点が当たりがちです。そのような時に、集団への大きな期待感を言葉にすることで、子どもたち同士がつながり合っていく関係が築かれていきます。

③　教室や学校の掲示物を話題に取り上げる

　学校や学級に貼ってある掲示物は、貼ることが目的になってしまっていることがあります。掲示物は、教育的価値が高いものが貼られています。しかし、教師の意識がそれらの活用になければ、掲示物はただの「景色」になってしまいます。価値の高い掲示物と子どもたちをつないでいく意識を大切にしましょう。

【学級会の場面】

「私は、この原案に賛成です。理由は、交流学級のＡさんのことも考えたプログラムになっているからです」「私も賛成です。Ａさんも含めて１組なんだ、という思いが伝わってきました。本番の集会では、Ａさんも一緒につながり合って、楽しみたいです」『みんなのやりとりを聞かせてもらいました。本当に君たちはこれを大切にしているな、と思って嬉しくなりました』教師は、教室前面に掲示されている学級目標を指さした。そこには、「温かい言葉でつながり合う 30 人の学級」と書かれている。『君たちは、今まさに温かい言葉でつながり合っていました。これを続けていって、本当にこの学級目標のような集団になっていくのですね。楽しみです』。一人ひとりの目を見ながら、語りかけるように話した。

【帰りの会の場面】

　休み時間に、ＡくんとＢくんがけんかをして、険悪な雰囲気のまま授業が始まった。周りのみんなは、二人を気にして、不安そうな顔をしていた。教師は、静かに話し始めた。『自分の主張を通すことは大切です。それがけんかになることもあります。でも、それで終わってしまったら、あれにはつながりませんね』と言って、教室の後ろに掲示してあ

る、「友情」と書かれてある習字の作品を指さした。『きっと、AくんとBくんなら、大丈夫です。2人を信じましょう』と、穏やかな笑顔で話した。

　掲示物の教育的価値を生かし、子どもとつなげることで、学級のつながりが、より豊かになります。校内や学級の掲示物にも目を向けて、活用することを心がけましょう。

④　子どもたちと目を合わせる

　教師は、子どもたちに説明するときに、丁寧に分かりやすく伝えることを心がけます。しかし、いくら分かりやすい説明でも、聞き手が自分事として受け止めなければ、伝わったとは言えません。聞き手に、自分に対するメッセージだと思わせるには、目を合わせて話すことです。「あなたに言いたいのです」という思いを、目で表しましょう。

【授業の中で】

　子どもたちは、ノートに自分の考えを書いている。その時、『やめましょう。では、この列の人、立ちましょう』と、教師が、その列の前に立ち、片手を挙げて、びしっと指示をした。最初に立った子に向かって、『速い！さすがです』と目を見て言った。ほかの子も、つられるように立った。教師は、その列とは反対側の一番前の子の席に歩いていった。その子の前で、目線の高さを合わせてかがむと、ささやくような声で、『今から発表しようとしている人たちは、前の人と同じことは言わないよね』といたずらっぽく言った。前の席の子も、はにかみながら「うん」とうなずいた。

　教師は、急に立ち上がり、『では、どうぞ』と発言を促した。教師も子どもも、発表している子の目を真剣に見ながら聞いた。『みんな、聞いた？どの人も、自分の言葉で、話していたね。さすがですね。自分らしさの発揮ですね』文節ごとに、目を合わせる相手を変えて話した。自然と子どもたちの目も、先生の目とつながり始めた。

子どもと目を合わせることは、呼吸を合わせることにつながります。教師が、目を合わせることで、子どもたちを巻き込み、リズムとテンポを生み出していきます。このリズムとテンポが教室に一体感を広げていきます。

⑤　子どもたちに近づく

　教師は、1時間の授業のほとんどを、教卓の内側で過ごします。その場所が、子どもたちにとって見やすい場所であり、教師も指示を伝えやすい場所であるからです。しかし、ずっとそこにいたのでは、指示や説明が単調になってしまいます。教師が教卓から離れ、子どもたちに近づいていくことで、子どもたちとの距離感が変わり、学び合いの場が立ち上がります。

【黒板に、「迫力姿勢」と書く】

　『この漢字が一つでも読める人？』。教師は、教壇の真ん中に立ち、びしっと言った。教室の真ん中辺りにいる子が手を挙げる。教師は、その子のところに近づいていく。みんなの目が教師を追うようにして、手を挙げている子に集まっていく。手を挙げている子も、表情が引き締まり始めた。教師が移動することで、教室の真ん中にみんなの目が集まり、心地よい緊張感が生まれた。手を挙げた子の横に立つと、みんなに向かって、『この指先を見てごらん。中指の爪の先が天井に刺さるようにまっすぐになっています。これが、手を挙げるということです。いいね〜』と、その子の手を指さしながら、テンポよくほめた。ほめられた子も、周りの子も嬉しそうに表情を緩めた。

　教師は、くるりと黒板の方に体を向けて、みんなと一緒に黒板を見る形になった。みんなも黒板の方に視線を移した。黒板を指さしながら、『じゃあ、読んでみよう』と優しく言った。「はくりょくしせいです」と答えると、拍手が起こった。教師は、拍手をしながら、ゆっくりと前に戻っていった。

教師が教卓から離れて、子どもに近づくことで、緊張感や親近感が動いていきます。ほめたい子と周りの子を生き生きとつなぐために、教師は、子どもたちに近づくことが大切です。教師と子ども、子ども同士の関係がより豊かになっていきます。

⑥　動きを伴った小刻みな活動を畳みかけてスピード感を出す

　学級の様子を表す言葉で、「硬くて遅い教室」「柔らかくて速い教室」という言葉があります。学び合いを積み上げていく学級は、後者の教室です。学び合いだけではなく、授業では「スピード・リズム・テンポ」がとても大切です。小刻みな活動を畳みかけることでリズム・テンポを生み出していきます。

【私たちの学校は、これを伝統としてきました】

「立腰」と書かれた紙を子どもたちに見せながら、教師が話し始めた。子どもたちの目は、教師の持っている紙に集まっている。

『校内には、この紙がたくさん貼られています。何と読むか、言える人？』。教師は、丁寧に聞いた。数人が、ばらばらと手を挙げた。『手をおろしなさい』。今度は、毅然と言った。間を開けずに『この字は何と読むか、隣と２秒相談しなさい』。「２秒」に力を込めて、素早く指示を出した。『やめなさい』相談の途中だったが、やめさせた。『相談した人立ちましょう』。立て続けに、短い指示を出した。10名ほどが、自信なさそうにばらばらと立った。『座りなさい』と短く言い切ったので、今度は子どもも素早く座った。

　数秒間を開けて、全員を見回すと、『相談した人は立ちなさい』と、先ほどより語気を強めて、厳しく言った。全員が一気に立った。『はい、どうぞ』「りつようです」『正解者に拍手！』－はじかれたように拍手が鳴った。『座りましょう』ざっという音と共に、全員が素早く座った。

　教師は、語気や表情、間をうまく使って、活動のスピードを上げていきます。「スピード」を意識し、「リズムとテンポ」を上げることで、子

どもたちを巻き込み、一体感を生み出すことができます。このリズムが、授業後半の深い思考スピードにつながっていきます。

⑦　質問、クイズ形式で盛り上げる

　授業の導入の時の教室の空気感は、学び合いにとって大切です。「○ページ開いて」「めあて書くよ」という始まりでは、多くの子どもたちのモチベーションは上がりません。何より、「よし、みんなで学び合おう」という空気がつくられていません。そこで、授業の最初に質問やクイズ形式の手立てで、子どもたちの学び合う意識を高めましょう。

【黒板の左端に「やる気の姿勢」と書く】

『やる気の姿とは言いません。姿勢と言いますよね』。「勢」の字を指して、『それは、何かの勢いがセットになっているからです。知っていますか？』。子どもたちは、「えっ、なんだろう」と、考える顔になった。『漢字一文字です』と言いながら「○の勢い」と書いた。子どもたちが、少しざわつき、きょろきょろし始めた。『ヒントがほしい人は、やる気の姿勢をしましょう』。教師は、教壇の真ん中に立ち、両手を広げて、びしっと背筋を伸ばした。子どもたちの姿勢がさらによくなり、心地よい緊張感も出てくる。

　途中まで漢字を書いたあと、『隣の人に、あんた本当に分かったか？と聞いてみよう。はい、どうぞ』と軽い感じで、指示を出した。教室に笑顔があふれ、楽しそうに「分かった？」と聞き合っている。『分かった人？』。たくさんの手が挙がり、まっすぐ伸びた。「心です」。教室が、たくさんの笑顔と拍手であふれた。

　質問やクイズ形式で授業を始めると、集中力・相談する力・発言の仕方など、学び方の構えを楽しく身につけさせることができます。大切なことは、それらを包み込む、リラックスした、いい緊張感の空気をつくることです。この空気が、先生と子どもの「健全な共犯関係」を築き、学び合いを構築していきます。

⑧　ほめ言葉のフォロー語を連発する

　教師が指示を出したあと、子どもたちの活動の様子に何の関心も寄せていないことがあります。指示通りにできて当たり前、または、できたとしても普通のこととして捉えているからです。むしろ、できていないところが気になるのではないでしょうか。「フリ・オチ・フォローの法則」があるように、指示のあとは、ほめ言葉のフォロー語を連発しましょう。

【授業の中で】

　『今からプリントを配ります。「どうぞ・ありがとう」で渡していってね』『はい、どうぞ』「ありがとうございます」『今、聞こえた？』－最初の子にプリントを渡す手を止めて、子どもたちを見回しながら言った。全員の目が教師の方に集まった。『「どうぞ・ありがとう」で渡してねって言ったのに、彼は「ありがとうございます」と言いました。これ、何でもないことだけど、めちゃくちゃすごいことだよね』。身ぶり手ぶりで、大げさにほめた。自然と拍手が起こった。

　『プリントをもらったら、名前を書いてください。書けたら「書けました」と言いましょう』子どもたちは、黙々と名前を書き始めた。「書けました」『速い！１番』「書けました」『２番！いいですね～』。大きな声で、短くズバッとほめていった。スピードが上がって、次々に書き終わっていった。教師が、前の子が書いたプリントを手に取って、驚いた表情をして、みんなに見せた。『薄くて、細くて、小さい字しか書けない小学生もいるけど、この字を見てください。濃くて、太くて、大きい字！「よし、頑張るぞ！みんなも一緒に頑張り合おうね」という気持ちがこの字に表れています』。１秒後に、大きな拍手が沸き起こった。

　フォロー語は、プラスの目線から生まれます。指示を出したら、子どもたちは、何らかのアクションを起こしています。どんな些細なことでも、拾い上げ、一人ひとりのよさを、周りの子どもたちを巻き込んで、広げていきます。教師の温かいフォロー語から生まれた一体感や自信

は、このあとの学び合いに結びついていきます。

⑨　拍手という同じ動作を繰り返し行い、一体感を出す

「硬くて遅い教室」では、一人ひとりがばらばらで、どんよりとした空気が漂います。学び合いを大切にする授業では、一人ひとりがつながって、温かい雰囲気の中で学習が進んでいきます。拍手を繰り返し行うことで、子どもたちの一体感がつくられます。

【道徳の授業の中で】

『今日は、この学習をします』と言いながら、教師は黒板に「い〇ち」と書いた。そのとき、ある子の手がぴくっと動いた。『みんな、気づいた？』と言いながら、その子の方へ歩いていくと、『先生がまだ何も言っていないのに、もう手を挙げようとしている人がいます。すごいやる気です。拍手！』と、大きな声でほめ、教師自身が力いっぱい拍手した。『本気の拍手って、知っていますか？指の骨が折れるくらいたたくんだよ』と、一人ひとりをゆっくり見ながら、鼓舞するように伝えた。『じゃあ、もう一回巻き戻すよ。すごいやる気です。拍手！』。今度は、教室中にあふれんばかりの拍手が鳴り響いた。子どもたちの表情も、いつの間にか笑顔になっていた。

『いいですね〜！温かい教室だなあ』と、笑顔で言った。『では、何と読むか言いたい人？』。ほとんど全員が手を挙げた。「いのちです」。言い終わった瞬間、教師は聞いていた人の方をさっと見た。子どもたちは、そのメッセージを察して、大きな拍手をした。教室に、学びに向かう一体感が、ぐっと高まってきた。

　拍手は、温かい雰囲気と一体感を生み出します。まず、最初は教師が、いいリズムをつくって、子どもたちを巻き込みながら、拍手を繰り返していきます。次第に、一体感が生まれてくると、拍手が子どもたちのタイミングでできるようになり、温かい学級文化に成長していきます。

⑩　二人称と一人称の使い分けを行う

　普段の学校生活で、教師がほとんど使っていない主語があります。それは、「私たち」です。教師は教える者、子どもは教わる者という区別が明確にあるからです。子どもたちは、先生のことを自分たちの仲間の一員だと感じています。先生も含めて、みんなで学び合おうとしたときに、「私たち」という主語が現れてきます。

【道徳の授業の中で】

　道徳の授業で、『太郎くんのしたことは、○か×か』の質問に子どもたちが挙手をして、○が 16 人、×が 14 人になった。

『次に、先生はみなさんに、どんなことを聞くでしょうか？予想して、言える人？』。教室が、シーンと静まり返った。顔を見合わせたりしているが、誰も反応できないようだった。『読め！』－静かな口調の中に厳しさを込めて言った。『読め！』『先生が次に何というか、読め！』。重苦しい空気が漂う中、一番前の子が、静かに真っすぐ手を挙げた。教師は、その子に近寄り、『えらいね』と言った。すぐに、周りの子どもたちに目を向けて、こう話した。『彼女は、間違えるかもしれません。でも、一番前に座っていて、後ろの状況が分からない中で、「こうじゃないかな」って、自分で予想を立てて、一人で堂々と手を挙げる。かっこいいじゃないですか！こういうような人がいる教室は、めちゃめちゃよくなるんですよ！それこそが、私たち○年○組がめざしている姿ですよね』と、後半に語気を強めて、ほめた。

　ほかの子にとっては、叱られたような厳しさを感じたが、「私たち」という言葉が子どもたちを包み込み、同じ方向へ行かせようとしていた。

　教師が「私たち」という言葉を使うことで、学級に一体感が生まれます。授業は、みんなで学び合っていくためにある、ということを確認したり、大きな壁を乗り越えようとしたりする時に、使いたい言葉です。教師も、学びの仲間の一員なのです。

⑪　1対1の対話を全員に聞かせる

　教師は、子どもたち全員に話の内容を理解してほしいと思い、声を大きくしたり、聞いていない子を注意したりして、何とか意識をこちらへ向けようと努力します。しかし、教師がむきになればなるほど、子どもたちの聞く意識は薄れていくことがあります。人の話を聞き合うことのできる学級をめざしたいものです。

【授業の中で】

『自分から立ち歩いて、友達と意見を交流します』

　教師は、対話のポイントを黒板に書いた。

『それでは、対話を楽しんでくださいね』と言ったあと、おもむろに一番前の席の子の前にかがんで、小さな声でその子に話しかけた。

『今から、自由に立ち歩くんだけど、○年○組は、男子同士集まったり、女子同士集まったり、好きな者同士集まったり、そんな情けないことをするような学級じゃないよね？』「うん」とうなずく。

　いつの間にか、周りの子たちは、聞き耳を立てて、しーんとしている。

『そうだよね』教師は、小さな声で話を続ける。『男子女子関係ないよね。一人の友達がいたら、「一緒にやろう」って声をかければいいよね。「入れて」って言われたら、「いいよ」って言えばいいよね。そういうことがすぐにできる教室が、私たち○年○組だよね』

　前の席の子は、しきりにうなずいている。周りの子は、先生とその子の対話に耳を傾け、しーんとした中にも一体感が生まれていた。

『先生もそう思う。楽しみだね』と笑顔でハイタッチした。活動が始まると、子どもたちは堰を切ったように、男女関係なく素敵な対話を始めた。

　教師が子どもとの1対1の対話を、みんなに聞かせることで、子どもたちを巻き込み、一体感を生み出します。いつもとは違うシチュエーションが、聞き合う関係を築いていきます。この聞き合う空気感が、学び合いの質を高めます。

⑫　対角の子どもを押さえ、聞き合う関係を構築する

「聞き合う関係」を大切にしたくても、教師の説明中心、板書中心の授業では、子どもたちは、先生の方に体を向けることが多くなります。まずは、子どもたちに聞き合うよさを経験させることが大切です。そのためには、教師が動いて、子どもたち同士をつないでいきます。

【黒板に「勢い」と書く】

　教師が、黒板に「勢い」と書いたあと、『読める人？』と聞いた。10人ほどが手を挙げた。教師は、歩きながら、教室の一番後ろの対角で手を挙げている子の方に向かっていた。途中、手を挙げている子の横を通る時に、無言で『いいよ』とメッセージを送りながら、歩いた。みんなは、「どこに行くのだろう」と、目で教師を追った。一番後ろの子のところまで来ると、くるりと向き直り、その子と一緒にみんなの方を見る形になった。

『○年○組さんは、後ろの方の人が発言しようとすると、ちょっと心臓を向けてあげて聞くんだよね』とその子に話しかけた。「心臓」という言葉で、多くの子がドキッとして、対角の子に体を向けた。『そうやって学び合うんだね。いい教室だね』と話を続けた。子どもたちの変化を感じ取りながら、『じゃあ、明らかに聞いていない人の方をガン見して、言ってみようか』と言った。その瞬間、最後の数人がこちらを向いた。『そんな人はいないよね〜』と笑顔で言うと、教室がどっと笑いに包まれた。スキップをしながら、教師が黒板の方へ戻ると、みんなが体を向けて、聞き合う形ができていた。

　聞き合う関係を築くことは、学び合いをする上で最も重要な土台です。心地よい緊張感の中で、聞き合う活動を繰り返し行うことで、自分たちから学ぼうとしているんだという、学びに向かう勢いを感じるようになります。

⑬　一人の子どもに握手を求める

　集団を成長させるのは、個のよさや成長です。「一人ひとり違っていい」という大前提を生かし、一人ひとりのよさと集団をつなぐことが、豊かな学び合いを作り出していきます。

【黒板に「即興力」と書く】

　教師は、黒板に黙って、「即興力」と書いた。子どもたちは、誰も読むことができず、しーんと静まり返っている。『何と読みますか』と聞いたあと、『それでは、ほんの一つでもいい、ちょっとでもいいから隣と３秒相談してください、どうぞ』。相談がぎこちなく始まった。『やめましょう。相談した人？』。その瞬間、一番前の子の手が 20 センチ浮いた。すかさず『速い！』と言って、教師はその子に近づいていって、手を差し伸べた。その子は、どうしたらいいか分からなかったが、それが握手だと気づくと、恐る恐る手を差し出した。教師は、がっちり握手をしたまま、みんなの方に顔を向けた。『どうして、今先生は握手をしたと思う？』。周りの子は「えっ」という、軽い驚きを見せながら、真剣に考えている。『はい、分かる人？』。何人かが手を挙げた。「一人でも手を挙げたから…」と教師は深くうなずくと話し始めた。『誰だって、間違ったら嫌だよね。でも彼は、自分でこうじゃないかなあって思って、自分から言おうとしているんだよね。すごいじゃない。こうやって、みんなで学び合うんだよ』。握手をしたまま、少し厳しい口調でほめた。子どもたちの硬くて不安な表情が、引き締まった表情に変わってきた。『勇気のある彼に、拍手！』。大きな拍手のあと、次々に手が挙がり始めた。

　一人のよさをほめることで、集団のマイナスを指摘する形になることがあります。それは、テクニックとして使うのではなく、集団を引き上げるチャンスは、一人ひとりの中にたくさんあると信じて、個を見つめることが大切です。

　授業中、「きちんと話を聞きましょう」と指導します。しかし、子どもたちは、「きちんと」を「姿勢を正して」くらいにしか理解していません。聞くことが、より豊かになれば、聞き合う空気も変わってきます。

【道徳の時間の初めに】

　道徳の時間の初めに、教師が、花壇の写真を黒板に貼った。『この写真を見て、気づいたことはありますか?』。後ろの席の子が手を挙げた。教師は、ゆっくりとその子のところへ歩いていき、『見てごらん、このぴんっと伸ばした指先』。子どもたちの目が指先に集まってきた。『みんな心臓を向けて聞いてくれているね。うれしいね』と、手を挙げている子に話しかけた。慌てて数人が体を向けた。『今から、彼が答えを言うと、きっとみんなから大きな拍手が来るんだろうな』。教室の端の席に座っている子が、すっと両手を動かした。『みんな、これはすごいよ』と言いながら、その子の方にスキップで移動した。みんなの目が教師の姿を追った。『彼女は、もう拍手の準備をしているんだよ。この学級の「拍手リーダー」だね』。両手を広げてその子と同じジェスチャーをし、大きな声でほめた。何人かが、真似をして拍手の準備をした。教師は、黒板に戻り、「リアクション」と、左端に書いた。『友達が発表したら、リアクションしてあげるんだよね。みんなで聞き合うってそういうことだよね』『さあ、答えを言うよ。おっ、もう準備している』と指さしながら、拍手の準備をしている人を大きな声でほめた。みんなは、拍手のタイミングを計り、必死に聞こうとする表情に変わっている。「チューリップの花が沢山咲いています」。言い終わった瞬間に、一斉に拍手が起こり、教室が一体感に包まれた。

　リアクションは、拍手に限らず、うなずきやあいづちなど、様々です。リアクションが豊かになると、聞き合う活動の質が高まります。学び合いは、聞く側の豊かさも問われているのです。「話す・聞く」の呼

応関係が一体感を生みます。

　子どもたちにとって、授業に参加するということは、発表であったり、問題をミスなく解くことであったり、個人で完結できることをイメージします。しかし、新しい参加の考え方を伝えることで、みんなと一緒に学んでいこうという意欲が生まれてきます。

【道徳の授業の場面】

　教師が、黒板に○と×を書いた。『太郎くんが学校の花壇からチューリップを取ったことは○か×か。ノートにズバリ書きなさい』と、指示を出した。すぐに書き終わる子もいれば、悩んでいる子もいた。数秒後、鉛筆を置かせて、『○の人？』と聞いた。多くの子が、自信がなさそうに、人の顔を見ながら手を挙げている。『自分のことは自分で決めましょう。もう一度やり直します。○の人？』凛とした口調で聞いた。15人がずばっと手を挙げた。教師は、ゆっくり大きな声で数え、「○は、15人」と板書した。『×の人？』。14人が手を挙げた。「あれ、1人足りないよ」「だれ？」「Aくん挙げてないよ」－みんなの視線がAくんに集まった。教師は、『今、必死で考えているんだよ』と、優しくつぶやいた。「○…」。Aくんが、小さな声で言った。

　教師は「○16人」と書いた。『これで、30人全員そろったね。何でもないことかもしれないけど、全員が手を挙げて、数がそろうって、すごいことです。全員参加ですね。みんなで学び合っているのです』。さっきまで自信のなかったAくんの顔はまっすぐ前を向いていた。

　どんな子でも、「授業に参加したい」と思っています。立場を決めるアンケート的な活動も、挙手と捉え、全員参加を目に見える形にすることで、一人ひとりの意欲や教室の一体感は高まってきます。

⑯ 何かを伝える時は、アドバイスをＩメッセージで話す

　子どもたちをつなげ巻き込む指導に、最も必要なものは「信頼関係」です。先生と子どもの間に信頼関係がなければ、教師は子どもたちの「できないこと」を正そうとする管理者になってしまいます。学び合いでは、仲間です。自分の言葉で子どもたちに語りかけましょう。

【学級会の場面】

『今度の集会はこの案でよいか、近くの人と話してください』子どもたちは、隣同士で相談を始めた。たまたま、隣が欠席なので、Ａさんが一人になっていた。そこへ、少し離れたところから、Ａさんに気づいたＢくんたちが声をかけてきた。Ａさんも誘って、３人で楽しそうに話し始めた。活動後、『Ａさんは、最初一人ぼっちだったけど、Ｂくんたちが声をかけて３人で相談しました。先生は、それを見て本当に嬉しかった。「一人も見捨てない」って、こういうことなんだよね。先生の心は温かくなりました。ありがとう。○年○組は素敵だね』と、伝えた。Ｂくんたちは、照れくさそうにほほえんだ。教室に大きな拍手が鳴り響いた。

　教師が帰ってくると、自習をしていた教室が騒がしかった。全員を席に座らせて、『教室で騒いだ人も、そのことに無関心だった人も、「無責任」という意味では同じです。みんなで、成長し合うことを目標にしている○年○組が、こんな姿になるのは、本当に悲しいし、悔しいです』と、一人ひとりの目を見ながら話した。さっきまで、へらへらと笑っていた子も、無関心を装っていた子も、表情が変わってきた。教師は、パッと笑顔になり『「無責任」は誰の心の中にもあります。今日を成長の記念日にして、みんなで乗り越えていこう。きっと君たちならできます』と力強く語った。みんなが、「よし、やるぞ」という顔になった。

　Ｉメッセージ（私（Ｉ）を主語にしたメッセージ）は、子どもたちとの信頼関係を築くだけではなく、子どもたちに「内省」を促します。一人ひとりの深い「内省」が、学び合いの空気をつくっていきます。

⑰　学級のよさを５分の１黒板に書く

　学び合いを大切にする授業のめあては、「学習のめあて」だけではありません。「学習規律」「学び方」「安心感」などのめあても複合的に絡んできます。それらを、見える形で黒板の左端に書いていきます。

【道徳の授業場面】

『この話の中で、主人公のぼくが感じたことは、後悔・感謝・未来のどれだろう。自分の立場を決めなさい』。全員が立場を決めたあと、『次に先生は何と言いますか』と聞いた。「理由です」『そうだね。みんなそれぞれ理由があるよね。その理由は…』と言いかけて、黒板の左端に「一人ひとり違っていい」と書いた。その言葉を指でコンコンとたたいて『これで、いいんだよね。理由はみんな違っていいんだよね』と、安心感を与えるように、ゆっくりと落ち着いた声で伝えた。子どもたちは、真剣に聞いていた。『どうぞ』と言われると、一斉に鉛筆を動かし始めた。

　授業の終盤、教師は「○○を受け継いで」と黒板に書いた。『自分だったら、ここにどんな言葉を入れますか』ずっと左端に書いてある「一人ひとり違っていい」という言葉を力強く、指で押さえながら、一言一言に思いを込めるように伝えた。『よし、私はこの言葉を入れるぞ、と決めた人から座って書きましょう』。子どもたちは、一人ひとりが自分の言葉を考え、自分で決めて書き始めた。「やさしさです」「生き方です」「命です」－自分らしい言葉を次々と発表していった。

　「一人ひとり違っていい」「自分らしさを出す」「やる気の姿勢」「切り替えスピード」「一人も見捨てない」。黒板の５分の１のスペースによく書かれるこれらの言葉は、どれも子どもたち同士をつなぎ合う大切なキーワードです。学級のよさが書かれてある５分の１黒板は、学び合いを支えるただのガイドラインではなく、学級文化として育てていく心構えが必要です。

第3章
学び合う心構えを育てる指導
－つながり合いを生み出すポイント

①学級全体への発言指導 基本的な考え方ポイント6

江﨑高英（菊池道場兵庫支部）

　私自身、これまで多くの授業を目にしてきましたが、つながり合うことを大切にしながら対話したり、話し合ったりする授業が成立している学級に出会えたことはほとんどありません。一見活発な発言が続くことによって授業が盛り上がって見える場合でも、「自分の発言が周りの友達にどのように伝わっているか」ということに頓着せず、自分の言いたいことだけ話すことが日常化している子どもたちの姿ばかりが目につきました。このような状態を私たちは「話し合っている」と捉えがちです。これは、子ども同士の対話・話し合いを重視すると言いながらも、授業を進める上での教師側にとっての都合が優先されていることや、発問は「教師が答えてほしい内容を問うため」にあり、子どもの発言は「教師の問いに対して正しい答えを述べるため」にあるという「狭い指導観」が背景にあると思われます。

　そもそも対話したり、話し合ったりする活動とは、子ども同士があるテーマに対して意見を述べ合いながら考えを深めたり、新しい気づきをぶつけ合ったりすることを通して、よりよい結論を導き出すためにあります。教師はファシリテーターとして、その話し合いを進めたり、促したり、時には整理したりするために存在しているといっても過言ではありません。

　それでは、私たちはつながり合いを生み出す対話・話し合いを成立させるために、どのようなことを意識して取り組めばいいのでしょうか。よりよい対話・話し合いを生み出す教師の『学級全体への発言指導』における基本的な考え方を6つのポイントを通して考えていきます。

ポイント１　伝え手としての心構えを示す
◎「書く→話す」「相談する→話す」
◎ルール化し、学習規律として定着させる

「挙手―指名―発表」で進む授業では、どうしても一部の積極的な児童しか活躍できず、全員参加の話し合いには程遠い状況になりがちです。
　全員参加の対話・話し合い活動を成立させる大原則は、まずは「書かせる」ことです。

・意見は基本的に箇条書きで書かせる。
・一文に論点が複数入らないように、「短くずばり」「一文一義」で端的に書くようにさせる。
・「２分間黙って」「３分間で３つ以上」のように、時間や数量を示した上で書かせる。
・１つ書いて安心することなく、２つ以上を目標に「質より量」「秀作より多作」で意見を多様にもつことをめざすように促す。

　学級づくりの初期段階で意見を書かせる場合は、１分ほどたったところで活動を止めて、次のように声をかけるようにします。

『１分経ちました。まだ０個の人？しっかりと考えていますね。学校には考えるために来ています。まず１つ書きましょう。１つ書けた人？いいねえ。１分で１つ、いいペースですね。２つ以上書けた人？さすがだなあ。１つ書いたら終わりじゃないんだ。いくつ書けるか、楽しみだなあ。あと２分でいくつ書けるか、めちゃめちゃ楽しみです。では、用意、スタート』

　このような日々の取り組みを通して【書いたら発表】を学級のルールとしていきます。書かせること自体が大切な学習活動ですが、「書くことで意見をもつこと」をきっかけに「意見をもったら必ず発表すること」を学び手として当たり前の姿勢として自覚し、身につけることをめ

ざしたいものです。これこそが全員が気持ちよく主体的に学び合うための、本当の意味での「学習規律」と言えます。

　全員参加の対話・話し合い活動を成立させる大原則として、「相談したら発表」も身につけさせたいルールであり「学習規律」です。

・「10秒だけ」「2分間」「先生がやめと言うまで」など、授業中に小刻みに相談する時間を設定する。
・「隣と」「近くの人と」「グループやチームで」「同じ立場の人同士が集まって」など、多彩な組み合わせで相談させる。
・短時間のアドリブトーク的な相談と、予め自分の考えを書いてからそれを持ち寄ってじっくり行う作戦会議的な相談がある。
・相談は自分の考えを広げるために行う。ここで得た新しい考えは、【学ぶ＝まねぶ】を示しながら、遠慮せずに赤鉛筆で自分の意見に加筆することも伝えておく。

　相談する時間を取ったあとに『相談した人、手を挙げましょう』と指示すると全員手が挙がるはずです（もちろんその状態をめざしての「相談」でもあり、発言したい人だけで授業が進むものではないことを暗に示すためでもあります）。
「自分の意見をまず書く」「相談して自分の意見を広げる」ことを助走として、伝えようと思える意見をしっかりともつことで、ようやく話し合いの入り口に立つことができます。それぐらい、話し合っている大勢に対して自分の意見を述べることは自信と安心が必要な行為なのです。

ポイント2　質問から始める
　◎質問は「相手の思いや考えを聞き出す・引き出す」こと
　◎全ての対話で、質問-応答の関係を大切にする

　書くことや読むこと同様、対話力を磨くためには『活動の絶対量』を確保することが重要です。まずは質より量を確保することをめざし、授

業中の様々な場面でペアトークを設定するようにします。

　その際、対話と言えば「何を話すか」ということに目を向けがちですが、二人それぞれが一方的に話すだけの「独り言」を言い合っているような状況では、対話力の向上は望めません。そこで重視したいのは『質問‐応答の関係をつくる』ということです。

　相手の思いや考えを尋ねることも立派な対話・話し合いであり、一生懸命相手の話を聴こうとする姿の尊さを価値付けていくことが大切です。

　質問は、教師の設定したテーマや問いかけをなぞるだけでよいことから、自分の考えが浮かばなかったり、対話することに苦手意識をもっていたりする子どもも、質問したことにより対話に参加できたという感覚をもつことができます。その際、以下の点に留意することがポイントになります。

・ペアトークなどの対話は、常に質問から始めるようにする。
・慣れてくるまでは「○年○組名物、じゃんけんトークをします」と声をかけ、じゃんけんで勝った方が質問、負けた方が答える役に位置づける。負けた方はあとから逆に質問し答えてもらうことにすると、最低二往復の対話が成立することになる。
・「好きな○○（食べ物・季節など）は何か？」や「AとB（ご飯とパン・夏休みと冬休みなど）どちらが好きか？」「○○（春・遊びなど）と言えば？」などをテーマに、対話すること自体を楽しむ。

　大切なのはこのような活動を通して、対話の糸口は質問であることや、質問し相手の考えを引き出すことは楽しいということを、子どもたちに実感させることにあります。もちろん、どのような場面でもその子らしさを生かしながら、気軽に発言し合える学級集団をめざすことは大切な方向性であることは間違いありませんが、学級全体の前で、皆に対して発言・発表できることだけに重点を置くと、発言が苦手な子にとっては参加することすら厳しい時間になってしまいます。

ポイント3　内容よりも行動を価値付ける
◎「聞かれる」よりも「見られる」を意識する
◎非言語のコミュニケーションを「ほめて、認めて、盛り上げる」

　子どもたちが対話や話し合いをしている姿を見ると、「話すこと」、つまり「伝えること」ばかりに気を取られ、今自分が聞き手から「どのように見られているか」にまで気持ちが向いていないと感じることがよくあります。どんなによい意見を述べていたとしても、硬い表情ややる気の感じられない立ち方のままでは伝わらない、そんな状況も見られます。

　前の章でも述べた「メラビアンの法則」にもある通り、人は目から入る情報に大きな影響を受けます。そのため、子どもたちにも「どう聞かれているか」よりも「どう見られているか」を意識させるようにします。

　まずは、教師自身が見られ方を意識した話し手としてのモデルを示すようにします。それと並行して、以下のような姿を見逃さず、積極的に価値付けながら取り上げ、学級の財産にしていきます。

・豊かな表情（笑顔、目を開く、滑舌よく口を動かすなど）
・聞き手と目を合わせながら、目線を下げずに話す
・聞き手全体を意識した体の向きや動き
・伝えたい気持ちが前面に出された身ぶり手ぶり

　内容の面白さや構成の巧みさ、話すテンポや抑揚、場や内容に応じた声の大きさなどと共に、上記の非言語の要素を教師が意識しておくだけで、たくさん評価する（ほめる）ことができます。

・『今の○○さん、視線を下げずに皆さんの目を見ながら話をしていました。○○さんと目が合った人？聞き手であるみなさんのことを大切にしていることが伝わってきますね』と大きな拍手を送る。
・『今の○○さんの話し方ですごくよかったですね。どんなところ

に気づきましたか？隣の人と10秒だけ話し合ってみましょう。そう、何度も手を動かしながら、皆さんに伝えようとしていましたね。やるなあ』と大きな拍手を送る。

これらの言葉かけと共に『これを相手軸に立つ話し方と言います』と黒板の5分の1に【相手軸】と板書するなど、価値語とつなげるとさらに効果的です。

このような発言指導は、子どもたちの発言に対する意識や対話・話し合いの状態に応じて指導していくことが大切です。特に非言語のコミュニケーションは、話し合いに対する目的意識や相手への配慮が身についてくるにつれて変化してきます。とにかく早く形づくりたいからと、焦って指導する必要はありません。

ポイント4 【一人ひとり違っていい】を示す
◎目的に合わせた自由対話を楽しむ
◎違う意見からも実りのある対話が生まれることを実感させる

これまで示したポイントでも大切にしてきましたが、つながり合う対話や話し合いを生み出す上で、自分の意見を全員の前で堂々と伝えることが全ての基本となります。

しかし、中には対話することや話し合うこと自体を苦手としている子たちもいます。その原因の一つが友達と意見が一致しないことや対立してしまうことに対する抵抗感だと考えられます。

そこで、違う意見からも実りある対話や話し合いが成立し、話し合うこと自体が楽しく充実したものであると実感させるためにも大切にしたい考え方が【一人ひとり違っていい】です。この考え方は次のような機会を通して学ぶようにします。

まずは、ペアトークやグループトークを通して、周りの受容的な受け止め方が、安心して意見を出せる教室の空気をつくることを学ぶところ

から始めます。

〈グループ（ペア）トークで「いいね×2」を味わう〉
・一人ひとりが自分の考えをもつ時間を確保する。
・順番に自分の考えを出し合う。
・友達の意見に対しては、全て「いいね」で認める。
・笑顔やうなずきなど、非言語のリアクションを大切にする。
・出し合った意見の合計数を数えておき、他のグループと競い合う。
・多様な意見を出し合い、考えを広げる場面では、意図的に活動を設定する
例『教科書の挿し絵から想像できることを出し合おう』
例『学級の目標にしたい漢字一文字を考えよう』
〈多様な「コミュニケーションゲーム」で、対話自体を楽しむ〉
・最初は教師がモデルを示す。
・教師の指示のもと全員一斉の活動としたりすることで見通しをもたせ、失敗感を与えないようにする。
・慣れてくるにしたがって、一方的なスピーチ型から、聞き手の質問に対して答える問答型に移行していく。
・複数の理由が言えることを価値付けたり、その際には「一つめは、二つめは」とナンバリングして答えることを促したりし、対話の質を上げていく。
・相手の話を受ける時は、「いいね」「なるほど」「確かに」と全ての発言を受容する。
・うなずきや前のめりなど、非言語のリアクションを大切にする。
例『AとB、どちらの方が好きですか？』
　…「海と山」「犬と猫」などに対して自分が好きな方（立場）と選んだ理由を話し合う。
例『好きなものを10個聞き出そう』
　…質問側の「○○は好きですか？」に対して「はい」「いいえ」

で答える。早く「はい」を10個聞き出せるか競う。

　次に、自分の意見をしっかりと述べる強さを身につけさせていきます。そのために、自分の意見に対する理由づけをしっかりと述べ合う対話や話し合い活動を設定することが大切です。その理由づけに「その子らしい考え方」が表現されるからです。意見と言うのは「自分らしさ」を表現するものであっていいということを実感させることが重要です。

〈ディベート的な話し合いで自分らしさの出し合いを楽しむ〉
・立場を決め、選んだ理由を考える→同じ立場同士が話し合い、自分の意見を強くする→全体で話し合い、相手の立場に質問や反論をする
・話し合うために事前に調べたり、どの根拠に対して意見を述べているかターゲットを絞って話し合ったりと、ディベート的な要素を大切にする。
例「くじらぐも（国語）」
　…くじらぐもの空を泳ぐスピードは、速い？ゆっくり？
例「一本のチューリップ（道徳）」
　…公園に生えているチューリップを抜いて祖母の見舞いに持っていくことは正しいという考えに賛成か？反対か？
例「ごみのゆくえ（社会）」
　…ごみを少なくするために、公園のごみ箱はなくすべきである？
例「雨の降るバス停留所で（道徳）」
　…バス停の前に並んでなければ、順番を抜かしてもよい？
例「やまなし（国語）」
　…物語の舞台である川の深さはどのぐらいか？
例「歴史学習（社会）」
　…大仏の大きさは、もっと小さくてもよかった

ディベート的な話し合いだけで子どもたちが「一人ひとり違っていい」という感覚が身につくわけではありません。白熱する討論を成立させる考え方を端的に表す言葉に【論と人とを区別する】がある通り、「誰が言うか」ではなく「（それが誰の意見であろうと）根拠を伴う意見を比較し合う」ことや「反論し合うことで互いの意見を成長させ合う」こと自体を、子ども自身が価値あることだと認識し、他者との関わり方やものの見方・考え方を純粋に磨き続けることこそが大切なのです。

　また、「数ある菊池実践はワンパッケージ」と菊池先生ご本人がおっしゃる通り、事実を通して相手のその子らしさやきらりと光るよい行動を深掘りしたり、価値付けたりしながら、効果的に伝える「ほめ言葉のシャワー」や、テーマに沿って自分の考えを書き記すことを通して自己との対話を促し、自己客観力や自己調整力を磨く「成長ノート」などの菊池実践とそれらを支える教師の様々な取り組みに、長期的視点に立って計画的、そして総合的に取り組んでこそ、子どもは自分自身の自己肯定感や自己有用感を醸成しながら大きく成長するとも言えます。

ポイント5　個の発言を全体につなげる
　　◎個の発言をきっかけに全体を巻き込む
　　◎板書を使って意見の分布を整理し、発言の質を高める

　対話や話し合いのよさは、対話や話し合いをする前よりもしたあとの方が、考えが広がったり、深まったりすることであり、そんな状態をめざして、私たちは対話や話し合いの活動を設定します。しかし、一人ひとりの発言する子どもは、それぞれ自分の言いたいことを、自分の言いたいタイミングで言っているに過ぎない様子を多くの教室で目にしてきました。これではまるで「独り言」を言わせているのと同じではないでしょうか。そういった状態を防ぐために、教師が積極的に個の発言を全体につなげることが大切です。

> ・『いい発言でしたね。いい発言を聞くと、その素晴らしさを伝え
>   たくなりますよね。どこがよかったのか隣の人にコメントしま
>   しょう。【聞いたら感想、聞いたらコメント】はセットです』と
>   言いながら、ペアトークの時間を短く取る。
> ・『今の○○さんの意見と同じ（違う）立場の人、立ちましょう。
>   さあ、皆さんの出番です。右手側から順番に発表しましょう』

　全体につなげるという意味では、板書も効果的です。話し言葉は消え
ていくものですから、記録として板書は運用されていますが、個人の意
見を全体につなぐために板書するという視点が必要です。これを「議論
を可視化する」と言います。

> 〈ディベートのフローシート的な板書構成〉
> ・立場や現在の議論の位置づけが分かりやすくなるように一覧表
>   として板書する。
> ・意見（理由）は箇条書きで横書きし、番号をつけておく。
> ・その意見に対する質問や反論を右側に書き、その意見と矢印で
>   結ぶ。
> 〈ウェビングやマッピング的な板書構成〉
> ・黒板を左右や上下、エックス型に分けて板書することで、意見
>   の分布を見える化する。
> ・論題を中心に配置し、放射状に関連した意見をつなぎ、広げて
>   いく。
> ・黒板を使わずに模造紙などに付箋を貼ったり動かしたりしなが
>   ら、意見の分布を自分たちで見える化していく。

　これらの板書を手がかりにすることで、個人の意見がどのようなつな
がりをもっているのか、全体の流れを俯瞰したり、細部の関連づけを手
がかりにしたりしながら考えることができます。

ポイント6　話し合い活動のフレームワークを身につける
　◎発言の交通整理を行う
　◎ディベート思考で話し合いを構成する

　ポイント5でも取り上げた『個の発言を全体につなげる』ことに取り組むと共に、子ども同士が対話や話し合いを自分たちで運用できるまでに高めることをめざしたいと考えます。つまり、子ども自身が運用できる「話し合い活動のフレームワーク」を身につけることに重点を置いた取り組みこそが大切になります。

　そこで、まず発言の役割や発言することに対する考え方を、対話や話し合い活動を通して子どもと共に考え、学習規律として身につけさせていきます。

・発言は、言いたい人が、言いたいタイミングで言うものではない。自分のもっている意見と照らし合わせながら、話し合いの流れの中で、発言するタイミングや発言すべき出番を意識させる。
・発言は前者の発言を聞き、それを受けて「付け足し」や「関連づけ」として行うことを基本形とする。
・学級全体など大人数で話し合う場合、一つの話題に対して、少なくとも三人から五人ぐらいが付け足したり、関連づけたりして意見をみんなでふくらませるから、より深い内容を学ぶことができる。「意見のひとりぼっちはつくらない」と、意地でも無茶ぶりしてでも深掘りしようとする姿勢を大切にする。
・関連づける人数は、話題や内容の重要度で決まる。上に反するが、一人が発言すれば済む程度（調べれば済む、読めば分かる）の内容を全体で扱う必要があるのか考える必要がある。時には意見を精査するために、『一番レベルの低い意見から潰していきなさい』と厳しく指摘し合う（牽制し合う）経験も必要となる。
・自分の効果的な出番を意識させる。もっている意見の強さだけ

でなく、例えば、発言を得意としている子は、意見をふくらます場面や発言を通して意見をまとめる場面を自分の出番としたり、逆に発言が苦手な子ほど、自分の意見として言いやすい早い段階の発言をめざしたりすることも意識させたい。

　まずは教師が「発言の交通整理」を行います。無自覚な発言は規制していくと共に、主体的に話し合いに参加している児童をほめながら「最低三人から五人ぐらいは続かないと、発言は深まらない」や「自分の意見なら何番目ぐらいに発言したらいい？」と声をかけていくなど、その時々に必要な指導を、子どもたちの育ちを鑑みながら、見通しをもって、計画を立てて進めていきましょう。

　また「学級ディベート」を学び、討論の流れを身につけた上で話し合い活動を構成することも非常に効果的と言えます。

　ディベートとは「ある特定のテーマの是非について、２グループの話し手が、賛成・反対の立場に分かれて、第三者（審判）を説得する形で行う討論」をさします。菊池道場においては、そのディベートの特性を生かしながら、学級で、年間を通して、計画的に取り組むことで、より質の高い対話・話し合いができることをめざすと共に、人と意見を区別する「白熱する討論」を通して、ものの見方や考え方を強く学ぶ中心的な活動を「学級ディベート」と位置づけています。

〈基本的なルール〉
・論題（話し合うテーマ）が決まっている。
・立場が２つ（肯定・否定、ＡとＢなど）に分かれる。
・自分の考えとディベートする上での立場は一致しなくてよい。
・肯定側立論→否定側質疑→否定側反駁（はんばく）→否定側立論→肯定側質疑→肯定側反駁→判定　の流れで行う。
・立論・質問・反駁できる時間は決まっている。（基本的に１分）
・審判の客観的な判定により、勝敗が決まる。

・ステップアップさせながら年間を通して行う。（2〜3回）
・他の対話・話し合いの授業や活動と関連づけて取り組む。

〈学級ディベートを進める上でのポイント〉
・ディベートとは何かを知る
　教師がくどくど説明せず、学習ゲームを通してディベートに含まれるいくつかの要素を体験的に学んでいくようにする。
・チームを作る
　それぞれが責任をもって自分の役割を意識するために、1チームの人数を4人とし「立論」「質問受け」「質問」「反駁」の役割を全員で分担できるようにする。
・テーマ（論題）を知る
「政策論題（例：教室に漫画の本を置くべきである）」と「価値論題（例：ほめ言葉のシャワーと質問タイム、どちらが成長させることができるか）」がある。初期の段階は、具体的に考えやすい政策論題から入る方がよい。
・準備をする
　根拠となるデータを集めながら論を整理したり、端的に伝えるための表現を考え、練習したりするために、国語科を中心に総合などと横断的に学習計画を立て、十分な準備の時間を確保するようにする。
・試合を行う
　1ターン1分の繰り返しで試合は進んでいく。このスピード感と緊張感があるから、子どもたちは必死で考えながら対応しようとする。討論の内容以外に表れた「その子らしさ」も積極的に評価することが大切となる。
・活動をふり返る
　勝ち負けにこだわることも大切だが、人と意見を区別して対話

> すること自体の楽しさを、意図的（キーワード作文等）にふり返ることで、ディベートの価値を掴ませたい。

　学級ディベートは、授業における考えの形成に主眼を置いた「話し合い活動のモデル」であると言えます。討論の道筋が誰にとっても分かりやすいので、話し合いによって結論に導くプロセス自体を明確に学ぶことができます。だから一般的な話し合いを重ねた学級と比べて、かつての菊池学級のような学級ディベートで鍛えられた子どもたちの話し合いは、実に熱く、そして深くなるのだと思います。

　どちらのアプローチも、よりよい結論をみんなで導き出すための話し合い活動を実現させるためには、そのプロセスを子どもたち自身が理解し、自分たちで運用できることが大切であることを示しています。そのための考え方は「前者（相手）の意見に対して、関連づけて発言する」ことの繰り返しであり、とてもシンプルな考え方でもあります。シンプルであるから話す方もそして聞く方も、何が今話題になっているか分かりやすいのです。指導においては、自分一人でボールを打ちながらカップをめざす「ゴルフ型」と、みんなでボールをパスし合いながらゴールをねらう「サッカー型」とを比較しながら、子どもたちに話し合い活動のイメージを伝えると分かりやすいと思います。

②-1 学び合いにつながる文字力
-相手を意識した字を書く子を育てる

深和優一（菊池道場兵庫支部）

1　よく見られる教室の現状

　教室の中で、ノートやプリントに薄くて小さい字を書く子がいます。そのような子に「字を大きく書きなさい」「字を丁寧に濃く書きなさい」と指導しても変わらないことが多いのではないでしょうか。

　それは、その子たちが、太くて濃い字を書く必要性や字を丁寧に書く意味を感じられていないことが原因だと考えられます。

　薄くて小さい字を書く教室、丁寧な字に対する意識が低い教室では、深まった話し合いはできません。それは、相手へ伝えようとする意識や相手への思いやりの気持ちが、そもそも少ないからです。それは、つまり学び合うための心構えが育っていないということです。

2　指導の実際

　突然、ノートに太くて濃い字を書いている子を二人取り上げて
『あなたの字は、思いやりにあふれた字ですね』
『あなたの字は、学び合いができる字ですね』
　字が美しい子だけでなく、筆圧の濃い子を当てるのもポイントです。
『この二人の字の共通点は何でしょう』
「字が丁寧で、濃いです」
「遠くからでもはっきりと見えます」
『よいところに気づいていますね。では、今から先生が2つの字を書きます。どちらがよいでしょうか？』
　実際に紙に鉛筆で書いて、子どもたちに示します。
　見せた瞬間、教室に笑いが起こります。

「全然違います！！」

「②は、気持ちが伝わってきません」

『文字は、その人の人柄を表すものだと言われています。自分らしさが文字に表れるのです。相手への思いやりをもつ人、自分らしさを出せる人が増えると学び合いができる教室になっていきます。この教室では、自分の書いた文字を相手へ見せながら、対話する授業を多くします。みんなと一緒に学び合える文字力を身につけましょう』

『今日が、そのスタート日です。これからがとても楽しみですね』

子どもの成長ノートより

○相手に分かりやすく、共に学び合えるように「大きく」「濃く」「丁寧に」という３つを大切にしていきたいです。

○文字を丁寧に書くことが、これからの学び合いにつながるのだと知りました。みんなと一緒に学び合う教室をつくっていきたいです。

3　指導のもつ価値

　文字を「大きく・濃く・丁寧に」書く価値観が子どもの心に浸透しても、実際に使わなければ、そのよさを子ども自身が実感することはできません。そこで、様々な場面で、相手へ伝えるための文字を書くことを経験させます。授業の中で、ノートに書いた考えをもとに話し合う、単元をまとめた新聞などを見せ合うなど相手意識をもてる場を設定することも大切です。

　そして、授業の中で、黒板に書く場面をとったり、ホワイトボードを使って説明し合ったりすることで見える化をはかり、文字を書くことが学び合うための手段となることを体感させます。文字力を身につけた子どもは、書くことを学び合いにどんどん使っていくようになります。

②-2 自分らしさを育てる即興力
−自分の言葉で自分のことを話す態度を育てる

篠原肇（菊池道場北九州支部）

1　よく見られる教室の現状

　授業中、「書いたことしか言わない、書いたことしか言えない」子どもが増えています。その人に自信がないことも理由の一つですが、大きな原因は、正しい答えがどこかにあると思い込んでいることです。「何が正解なのだろう」「みんなと同じでないと不安」という学習態度では、考え方が硬くなり、自分らしさは発揮されません。「一人ひとり違っていい」ということを本気で信じる集団は、書いていなくても、即興力を生かして、自分の言葉で自分を表現しようとします。

2　指導の実態
1　途中でも、自分の言葉で話せる力を育てる
【道徳の授業場面】

『今から、自分が一生懸命生きているぞ、という理由を書きます。当然自分なりの理由がありますよね。ですから…』。黒板の左5分の1に「一人ひとり違っていい」と書きました。黒板を指さしながら『これでいいんですよね』子どもたちは、少し安心した表情で書き始めました。『やめましょう』。子どもたちは、まだ書いている途中でもやめさせて、『この列立ちましょう』と、列指名をしました。「ぼくは、お父さん、お母さん、お兄ちゃんに育ててもらったので、その恩返しをしたいからです」。教師は、その子のノートを手に取り、みんなに見せながら『先生が、みんなが書いている途中で切ってしまったから、彼はね、「お父さん、お母さん」だけしか書いていないんですよ』と言うと、みんなの目が途中までしか書いていないノートに集まりました。『日本の小学生で、

書いたことしか言えない、書いたことしか言わないっていう人がたくさんいるんですよ。でも、彼は途中であっても、その場に合わせて、自分のことを自分の言葉で話しました。それを即興力と言います。それが、これからのコミュニケーションでは、とっても大事なのです。その即興力で自分らしさを発揮した彼に、大きな拍手！』と、大きな声で話しました。教室に、大きな拍手が鳴り響きます。『じゃあ、次の人は書いてなくてもしゃべるね』と、笑顔で声をかけると、次に立っている子は、自信をもってうなずきました。

2　発言から即興的なやりとりにつなげる
【学級会の場面】
『ほめ言葉のシャワー1巡お祝い集会のプログラムについて、何か意見はありますか』「もう少し、ほめ言葉に関係のあるプログラムを入れたらいいと思います」『例えば？』－教師は、間髪を入れず、丁寧に聞きました。数秒考えて、「みんなで、ほめ言葉のシャワーを通して、成長したことを発表すると、みんなとつながれる気がします」と、そのテンポに引っ張られるように、その子は答えました。『なるほどね。ただ楽しいだけではなくて、集会の目的のことも考えたのですね。Aさんらしい素敵な意見です』

3　指導のもつ価値
　即興力を育てる大きなポイントは2つあります。1つめは、「一人ひとり違っていい」ことを本気で信じて、学級で体現していくことです。答えは1つだけではなく、自分の中にあるのだということを伝えましょう。2つめは、「子どもとの関係性」です。誰が発言しても、どんなことを発言しても、絶対にフォローして、学級に広げる、という強い意識が大切です。日頃から子どもたちの「らしさ」を見つけて、認めていきましょう。

②-3 吸収力抜群のスポンジのように聞く力
-相手に関心を向けながら聞こうとする子を育てる

江﨑高英（菊池道場兵庫支部）

1　よく見られる教室の現状

　自分の言いたいことだけをつぶやいたり、発言したりするけれど、相手の話に熱心に耳を傾けない子が目立つ教室があります。お互いの話を聞くことがあまり大切にされていない学級に出合うことも多いです。

　そんな子どもたちは「聞かない」のではなく「聞けない」のです。私たち教師が、いつの間にか教室の日々の指導の中でそのように育ててしまったとも言えます。

2　指導の実際

　相手の話に関心をもって聞くことへの第一歩として、質問し、それに答えてもらう体験をすることから始めます。「友達紹介質問ゲーム」などの活動を通して、聞くことの大切さを実感的に学ぶ機会をつくります。

---

①3人組をつくる。余りが出た場合は審判になってもらう。
②「友達紹介質問ゲーム」のルールを説明する。
　・二人が質問をし、一人が答える。
　・同じ人が連続して質問するのは2回まで。
　・2分間でいくつの質問が飛び交うかを競い合う。
③審判による評価の観点を確認する。
『あなた（ジャッジする立場の子ども）は、どんな様子が見られたら、いい話し合いをしているチームだと評価しますか』
「みんなが笑顔なのがいいと思います」
『いいね。一つめのポイントは笑顔にしましょう。あなたはどう？』

「うなずいている人のいる方がいいと思います」

『なるほど。ジェスチャーや身ぶり手ぶりなどの動きがあると盛り上がりますよね。それでは、二つめのポイントは動きのある話し合いにしましょう』

④実践する。

⑤ふり返る。

　・出された質問の数を競い合い、一番多いチームに拍手を送る。

　・審判（いない場合は指導者）から見て、評価のポイントが高かったチームに拍手を送る。

　上記のような活動を仕組むと共に、日常の学習活動を通して、常に相手の話を峻別する（自分の考えと照らし合わせて判断したり、取り入れる要素がないかどうか考えたりしながら聞く）ための聞き方を身につけることができるよう、以下のような言葉かけをしながら粘り強くはたらきかけていくことも大切です。

　・「うなずく」などの非言語の反応で、話し手に聞き手としてキャッチしたぞというサインを示そう。

　・友達の意見を聞いて思いついたことは、メモとして書き残そう。

　・話の内容がいくつあったか、ナンバリングしながら意識したり、友達に伝えたりしよう。

　・友達の意見を引用することで、自分の意見を太く強くしよう。

3　指導のもつ価値

　子どもは本来、関心を向ける相手や興味を引く内容の話に対して【吸収力抜群のスポンジ】のように聞く力を発揮するものです。「よい話し手がよい聞き手を育てる」という通り、まずは教師自身が「引用をキーワードに自分の意見が言えるようにすること」、や「比較しながら相手の意見を聞くことができるようにすること」を大切にしましょう。

②-4 思考を整理する書く力
–書くことで学び続ける子を育てる

岡崎陽介（菊池道場兵庫支部）

1　よく見られる教室の現状

『はい、ではノートを開いて、書きましょう』

『自分の考えを書きましょう』

　これは、「マズイ」指示です。「何を」「どのように」書き始めたらよいのか分かりません。書くことが苦手な子にとって、真っ白なノートが果てしない空白に見えます。教室には書ける子の紙から煙が出るくらいの勢いのある鉛筆の音が聞こえてきます。苦手な子の焦りが出てきます。ただ、時間だけが過ぎ、結果、全く何も書けないという状況に陥ります。そこで、思考の整理がしやすい「箇条書き」で書かせます。これなら、書くことに対して抵抗がある子でも、モデルを示せば1つは書くことができるでしょう。

2　指導の実際

　箇条書きの指示を出すと、子どもたちのペンは進みます。しかし、1つ書けたら、鉛筆を置き、残りの時間を持て余す子もいるのではないでしょうか。その時間を無駄にせず、考え続けるには、どうすればよいでしょうか。

　全体を見渡して、クラスの中心として、位置づける子と目を合わせ、近くに寄って行く。目が合ったな、と思ったら、その子と、同じ目線の高さにしゃがみ、全員に聞こえるか聞こえないかの声の大きさと柔らかな口調で語りかける。

　『Aさん、たしかこのクラスの友達は、「箇条書きで書きましょう」

と言ったら、書いてすぐ鉛筆を置く子なんて、３９人いたら、ひとりもいないよね』（周りの注目が集まっていることを意識しながら、ほほえみかける）

「は、はい！（若干言わされている感が笑いを誘う）」

『じゃあ、２分間で、５年生だから、何個書けるの？５年生ですよね』（さらに、プレッシャーをかけるような感じで）

「３、いや、４個です！」

『え？（某ドラマの幹事長のように）最近、年のせいで、耳が遠くて、聞こえないなあ〜。５年生だから？』

「５個です（汗）」

（先生は、笑顔に一気に切り替えて）

『２分間で５個以上！スタート！』

　時間と書かせる数は、子どもの実態に合わせて調整すればよいでしょう。しばらく経つと、鉛筆の勢いも弱まってきます。そういう時には、『４つ書けた人？』『３つ書けた人？』と挙手で確認し、『５つ以上書きたい人？』とやる気をあおります。さらに、１つや２つで止まっている子がいたら、

『Ａさん、たしか、このクラスは、書くペースが落ちていたら、友達のを見に行って、ヒントを探してもいいんだよね』

と問い、見合うことのできる学級風土を整えておくことも必要です。

3　指導のもつ価値

「書く」ことについては、ほかの活動に比べ、圧倒的に体験が少ないのが現状ではないでしょうか。箇条書きだけでなく、書くことは、思考を整理し、言語能力の全てを高める礎になると考えています。また、友達と競わせながら、そして協力しながら進めていくことを繰り返していくことで、学び手の考える力を育てていくことができます。

②-5 一人も見捨てない温かな学び合い
-クラスで困っている友達を助けようとする子を育てる

南山拓也（菊池道場兵庫支部）

1　よく見られる教室の現状

　子どもたちがそれぞれに課題に取り組む授業場面でのことです。自分の課題が終わったら、手持ち無沙汰に座っている子を見かけることがあります。その傍らには、課題を難しく感じていて、困っている子がいます。同じクラスの友達が困っていたら、一人も見捨てることなく助けようとする子を育てるには、どのような指導をするとよいのでしょうか。

2　指導の実際

『それでは、○○の問題を問いてみましょう。時間は5分です』

　教師が取り組む課題の説明をした直後に、次のような言葉を子どもたちに投げかけます。

『そうそう。最近よく聞く話なんだけど、自分の課題が早く終わった後、近くで困っている人がいても知らんふりをする子が増えているんだって。この教室にはそんな人はいないと思うんだけど…もし、クラスの友達が困っていたら、私たちだったらどんなことができますか』

「どうしたの？と尋ねてみます」

「困っているようだったら、一緒に考えたり、教えたりします」

　教師は、黒板の左端5分の1のところに歩いて行き、「一人も見捨てない」「温かい学び合い」と二つの言葉を板書します。書き終わったらゆっくりと子どもたちの方にふり返り、次のように語りかけます。

『教室にはそれぞれに得意、不得意をもった人が集まっています。困っている人がいたら一緒に学び合う、そんな一人も見捨てない、温かい学び合いができる教室が素敵ですね。では、課題に取り組みましょう』

子どもたちが課題に取り組み始めると、教師は机間指導を行います。この際、子どもたちの取り組むノートを見て、進捗状況の把握に偏重するのではなく、子ども同士の関わり合いにも注視したいものです。

　課題に取り組み始めて3分が経とうとした時、課題を終わらせた一人の子が周りを見渡し、何かに気づいたようです。すると、ノートと鉛筆を持ち、足早に歩み寄っていきます。そばにしゃがみ込み、相手の顔を覗き込むようにして、声をかけています。

「ねえねえ横田さん、何か分からないところがある？一緒にやろうか？」
「あ、山下さん、うん…ちょっとこの問題が難しくて…」
「じゃあ、一緒にやろうよ。どこが難しい？」
　二人で学び合っていくにつれて、課題を取り組む横田さんの表情が少しずつ和らいでいくのが分かります。

　課題を取り組む時間が終わり、教師が子どもたちに問いかけます。
『（教室全体を見渡し）なぜ、山下さんは立ち歩いたのでしょうか』
「山下さんは友達のために自分にできることを考えたからです」
「山下さんは困っている友達を見捨てなかったからです」
『私たちの教室は温かい学び合いができる素敵な教室ですね。温かい学び合いをすぐに実行した山下さんに大きな拍手をしましょう』
　拍手が教室に響き渡ります。拍手をしてもらった山下さんは、照れ臭そうにしながらも清々しい表情になっています。

3　指導のもつ価値

　子どもたちは、クラスの友達と共に成長したいと願っています。教師は、子どもたち同士が関わる場面を意識して取り入れ、横軸づくりをめざします。よい行いに対して意味付け、価値付けを繰り返し、子ども同士をつなぐようにはたらきかけることが重要です。信頼関係ができてこそ、温かい学び合いが実現するのです。

②-6 自分の意見を伝え合える学級力
-自分らしさを発揮できる安心感のある教室

久後龍馬（菊池道場兵庫支部）

1　よく見られる教室の現状

　自分の意見をもつことは、対話、話し合いの出発点になります。そのため、複数の意見から、自分が選んだ意見に手を挙げさせて、人数を確認することがあります。しかし、何回、手を挙げさせても、合計が学級の人数にならない教室があります。自分の意見を決められない子がいるのです。その原因として、最初から正解しないといけないという心理がはたらいていることが考えられます。そのため、途中で意見を変えることに抵抗を感じる子がいます。間違えてはいけないという不安を取り除き、自分の意見を伝えられるようにするにはどうすればよいでしょうか。

2　指導の実際（3年生国語「サーカスのライオン」）
①複数の意見の中から1つを選び、ノートに自分の意見を書く。

『4の場面のじんざは幸せですか。幸せとは言えませんか。幸せだと思う人はノートに○、幸せではないと思う人はノートに×と書きなさい』

　ノートに書かせることで、自分の意見を明確にさせます。でも、中には、意見を決められない子どもがいます。そこで、次のように子どもたちに話します。

『Fさん、今、○って書いているけど、あとで意見を変えるのは、ありか、なしか』

「あり」

『先生もそう思う。変わっていいんですよね。考えるから意見は変わることもあるんだよね』

　意見を変えてもよいことが分かると、安心して意見を決めやすくなり

ます。しかし、それでも決められない子がいる場合には、

『変わってもいいんだから、とりあえずどっちかに決めます。あと5秒で書きましょう』

と追い込むことも必要です。意見を決めなければ、対話、話し合いに参加することができません。

②前フリ（未来ぼめ）をする。

『ほかの学校で授業を見ることがあるんだけど、何回手を挙げても、合計が学級の人数にならない学級があるんです。最近、日本の中で自分の意見に手を挙げられない子どもが増えているそうです。でも、このクラスは、全員の手が一発で挙がりますよね』

このように期待感を込めて前フリをすることで、全員が手を挙げるように導きます。

③全員が手を挙げたことを価値付ける。

『○の人。×の人』

人数を確認して黒板に書くと、子どもたちも気にして、合計します。

『1回で学級の人数になりました。全員が、参加者になることができる素晴らしいクラスです』

そして、「出席者ではなく、参加者になろう」と価値付け、「自分の意見を表明する」という学習規律を身につけさせていきます。

3　指導のもつ価値

子どもの不安を取り除き、学びの安心感は高めることが重要です。人間関係が希薄で、互いに敬遠し合っているような硬い学級では、自分らしさを発揮することはできません。自分の意見を生き生きと表現できる子どもを育てるには、互いに尊重し合える温かな学級風土が土台となります。そのような温かな学級風土を醸成する菊池実践の1つに「ほめ言葉のシャワー」があります。

②-7 成長するための修正力
-活動の価値を見出しよりよく学ぼうとする子を育てる

南山拓也（菊池道場兵庫支部）

1　よく見られる教室の現状

　授業の中で、自由に立ち歩いて交流をする時、男子同士、女子同士で固まっていたり、いつも一緒にいる仲良しこよしで意見交流をしたりする姿も見受けられます。コミュニケーションを通じて、自分の考えを述べたり、相手の考えに耳を傾けたりすることを繰り返すことで、様々な価値観があることに気づくことができます。異なる価値観をすり合わせ、新しい価値観を見出すことで相手とよりよい関係を構築することができます。そのためにも、いろいろな人と自分から交流することが重要なのです。このような状況を好転するためにはどのような指導が必要なのでしょうか。

2　指導の実際

　子どもたちが席を立ち、ノートと赤ペンを持ってそれぞれに移動していきます。すぐに友達とペアを組み、交流を始めています。しかし、よく見てみると、男子同士、女子同士でしか交流していません。そのペアはいつも一緒にいる仲良しこよしのメンバーです。
『ちょっといいかな』
　活動を止めると、子どもたちは不思議そうな顔をして、教師の方を見つめています。少し間が空いたあとに、教師が子どもたちに尋ねます。
『関わり合いを見て、何か気づくことはありませんか』
　子どもたちは顔を見合わせながら、辺りを見渡して状況を確認しています。教室には少し張り詰めたような空気が漂っています。すると、一人の子が発言すると、続けて気づいたことを発言します。

「見てみると、男子同士、女子同士になっています」

「いつも一緒の人と交流している人が多いと思います」

　教師は、無言で黒板の左端５分の１に「誰とでも関わる」と書きます。

『何回言っても、繰り返しても変化しない教室もよくあるのだけど、私たちの教室は修正して成長する教室だよね』

　近くに立っていた子に視線をやると、その子は首を縦に振ります。

　黒板の５分の１に「群れからチームへ」と書き、子どもたちの方にふり返って言います。

『先生もそう思います。では、活動を再開しましょう』

　先ほどまでと違って、異性の子とペアを組む子や普段あまり話さない子に声をかけて交流する子も見られるようになっています。

『誰とでも交流することを意識して活動している人が多くなりましたね。やってみてどんな感想をもちましたか』

「自分が気づいていないことを知ることができてよかったです」

「やってみると楽しくできました。次からもやっていきます」

「いろいろな人と関わることの大切さを感じました」

『活動の価値に気づき、修正する姿がさすがです。これからも修正と改善を繰り返しながら、進化し続ける教室にしていきましょうね』

3　指導のもつ価値

　子どもたちが活動する中で、その活動の価値やよさに気づきながら、修正できるようにはたらきかけます。説教じみた指導ではなく、子どもたちが活動を通しての気づきを大切にした指導を意識します。現象のみに捉われない、実感が伴うように教え、子どもたちの成長を引き出します。子どもたちが成長したいと願う気持ちをくすぐり、マイナスの行為をプラスに修正しようとする気持ちを高めていくことがポイントになります。

②-8 参加者としての当事者意識 −責任を果たす参加者を育てる

篠原肇（菊池道場北九州支部）

1　よく見られる教室の現状

　学び合いを大切にする授業では、みんなが参加者になって知恵を出し合うことが大切です。参加者というのは、自分の考えをしっかり書いたり、発言したり、人の意見に真剣に耳を傾けたりする、責任ある態度をとろうする人です。しかし、そのような責任を果たそうとせず、ただの出席者になっている人も多く見かけます。

2　指導の実態

1　活動の前にイメージさせる

　黒板の左端には、「①しゃべる②質問する③説明する」という活動の流れが書いてあります。『今から、ノートを持って、立ち歩いていろいろな人と話をします』。数人の子が、時間内に自分の意見を書けませんでした。やる気がなさそうに、下を向いています。『始めましょう、と言ったときに、ただみんなをぼんやり眺めて、席を立とうとしない人は、この学級にはいませんよね』。表情は穏やかですが、どこか厳しさを感じる口調で話しました。下を向いていた子が、ドキッとして顔を上げました。『立ち歩いたとしても、誰とも話さずに、うろうろするだけの人は、私たちの中にいませんよね』。全員が先生の方を真剣に見ています。『みんなで学び合おうとしているのです。そのような責任を果たさない「出席者」はいないと、先生は思っています』。教室に、ピリッとした緊張感が生まれました。少し間を開けて『でも、ノートに自分の考えを書けていなかったら、不安になるよね…』と、ゆっくり子どもたちと目を合わせながら言いました。『そんな時は、どうしたらいいんだ

ろう…』。下を向いていた子たちの表情のように、本当に困った顔をしてつぶやきます。その時に、数人の子が静かに手を挙げました。「書いてなくても参加できます。友達と話して、いい意見だなと思えば、それを自分の意見にすればいいからです」『そうか、書いていなくても、友達と話す中でいいものを書いて増やしていいんだね。そうやって、自分から対話をしようという姿は参加者ですね』。教師は、黒板の左端に「自分から」と書き、『君たちの中には、そんなふうに不安に思っている人もいるかもしれません。「一人ぼっちを作らない」○年○組さんなら、自分から声をかけて友達とお話しできそうだね』。子どもたちの心の中に、様々な場面のイメージができ、「早くしたい」という表情になってきました。『では、席を立って始めましょう』。ノートに何も書けなくて自信のなかった子は、友達に声をかけられ、楽しそうに対話を始めました。

2 参加者を認め、増やしていく

『今、ノートに書いた自分の考えを言いたい人?』。教師が聞くと「はい!」と、元気よく数人の手が挙がりました。自信がなさそうに下を向いている子もいます。教師は、元気よく手を挙げた子のところに歩いていき、くるりとみんなの方を見て言いました。『こうやって、自分の考えをみんなの前で、自分から話そうとする意欲が素晴らしいですね。こういう人のことを「参加者」というのですね。責任感があります』。大きな拍手の音を聞きながら、黒板に戻ると「参加者になる」と書きました。そして、『自分の考えを言いたい人!』と言うと、その勢いに引っ張られるかのように、10人以上の子どもがまっすぐ手を挙げました。

3 指導のもつ価値

　多くの子どもたちは、「自分から」すすんで活動することが、「参加者」としての責任を果たすという価値を知りません。このことがいかに素晴らしいのか、どうすれば責任を果たせるようになれるのか、子どもたちが一歩踏み出せるような言葉を伝えていくことが大切です。

②-9 自分の考えを表現しようとする力 −物怖じせずに発言できる子を育てる

久後龍馬（菊池道場兵庫支部）

1　よく見られる教室の現状

　話し合いをするためには、発問のあと、考えをノートに書かせたり、ペアやグループで相談させたりして、全員に自分の意見をもたせることが重要です。しかし、意見をもっていても、いざ発表となると手を挙げない子がいます。そのような子どもたちの多くは、間違いや失敗を恐れ、自分の意見に自信をもてずにいます。意見をもったら、自信をもって発言できるようにするにはどうすればよいのでしょう。

2　指導の実際

　自信をもって発言できるようにするには、発言の絶対量を増やすことが重要です。挙手→指名のみで淡々と進む授業を見ることがあります。挙手→指名は、意欲的な一部の児童しか発言しません。手を挙げられない子どもは、自分の考えを表現する機会が与えられません。多くの子どもに発言の機会を与えるには、指名の方法を工夫する必要があります。

①列指名

　列ごとに指名します。

『この列の人立ちましょう。前から自分の書いたことを発表します』

　しかし、中には、固まってしまう子がいます。そのような場合には、

『今からぐるっと発表していくから、よく聞いておいてね。自分の意見に近いのをあとで言ってもらいます』

　と、まずは、友達の意見を聞かせます。そして、あとから

『どの意見が一番近かったですか』

　と聞き、自分の言葉で発言させます。

②意図的指名

教師が子どもの意見を把握し、意図的に指名します。

『○○さん、○○さん、○○さん、立ちましょう。3人は、誰も書いていないことを書いていました。○○さんからどうぞ』

意図的指名は、教師の見取る力がキーになります。授業の名人と呼ばれる先生方は、子どもの意見を把握するだけでなく、子どもの表情やかすかな体の動きを見取り、発言したい気持ちに気づくことができます。

③自由起立

伝え合う力が育ってくると、自由起立で白熱した話し合いができるようになります。

『意見を言う人と次に言う人の2人が立ちます。たくさんの人が立っていたら、譲り合います』

しかし、最初は、なかなか譲り合えず、大勢が立った状態になります。そんな時は、話し合いを止め、

『今、何人立っていますか』

と声をかけて、譲り合わせます。そして、譲ってくれた子をほめます。また、「発言していない人優先」や「前の人に関連させる」などと、起立するときのルールを追加することもあります。

3　指導のもつ価値

指名を工夫し、授業中、発言する機会を確保することで、発表への抵抗を和らげることができます。また、「ほめ言葉のシャワー」などの対話活動に継続的に取り組むことで圧倒的な対話量を保障できます。「ほめ言葉のシャワー」は、対話量だけでなく、安心して自分の考えを表現できる学級風土をつくることにもつながります。さらに、エジソンが電球を発明するのに8000回も失敗したエピソードや蒔田晋治さんの『教室はまちがうところだ（子どもの未来社）』を読み聞かせ、間違いや失敗を恐れず、「書いたら発表」「相談したら発表」と価値付けることも有効です。

②-10 お互いの意見を成長させる話し合い力 -意見を深めるために反論できる子を育てる

深和優一（菊池道場兵庫支部）

1　よく見られる教室の現状

　教室では、まず相手の話を受け入れること、共感することが大切に指導されています。授業の中で意見が出されると、「同じです」と言って反応している教室が多くあります。一見、活気があり、友達の話を受け止めているように見えますが、子どもの思考は停止していることが多いのが現状です。また、共感や肯定だけでは、意見の出し合いで終わり、発表会になることが多く、考えを深めることは難しいといえます。

2　指導の実際

　6年生の道徳「手品師」の授業で、こんな場面がありました。
「手品師は、男の子との約束を守ったから誠実な人です」という意見に多くの子が納得し、共感しました。しかし、Ａくんが、「自分の夢や生活を捨てていいの？」「自分の夢を叶えようと大劇場へ行くことも誠実です」と答えました。その瞬間、今までの考えが揺さぶられた子どもたちに思考のスイッチが入りました。そこから、教室の中は、「手品師はどちらへ行くべきか」の話し合いへと変化していきました。この変化を与えたものは、間違いなく反論です。反論は、相手の考えを広げたり、深めたりするために欠かせないものなのです。

　その話し合いのあと、黒板に大きく、丁寧にこう書きました。
『反論は思いやり』
　子どもたちは、一様に不思議そうな顔をしています。少し間を置いてから、子どもたちに尋ねます。
『Ａくんの反論によって、授業はどうなりましたか』

「授業が盛り上がりました」

「自分の考えが大きく広がりました」

　徐々に、Aくんの意見から授業が深まったことに気づき始めます。

「あー！そっか！Aくんの反論のおかげで話し合いが盛り上がった。そして、自分の考えが成長した。だから、思いやりか」

　その発言に大きくうなずいている子がいます。

『質問や反論をしてくれる人と話すと面白くなります。新しい発見ができるからです。相手のためにも反論できる人になりましょう』

3　指導のもつ価値

　子どもたちの中には、反論をすること＝相手を否定することと捉えている子がいます。これは、反論が、相手の意見を潰すことや相手の意見を認めないためにするものだと考えているからです。

　しかし、本来、話し合いというものは、お互いの意見を成長させるために行われるものです。反論するということは、「相手の意見をもっとよくしよう」「もっと議論を深めていこう」という気持ちの表れだということを子どもたちに伝えていくことが大切です。

　また、子どもたちにとって、反論が話し合いを深めるために必要であると実感させることも必要です。そこで、「対立のあるディベート的な話し合い」を行います。それを経験することで、質問や反論の言い方や根拠に対して反論することの大切さが学べます。また、話し合うことで考えが広がる、深まるなどの話し合いの価値に気づくことができます。

　反論できるということは、相手の主張をよく聞き、矛盾を見抜き、言葉にして伝えるといった高度な力です。また、根底には、相手を思いやる、温かい気持ちが流れています。反論できるようになると子どもたちの話し合い力は、大きく向上していきます。

第**4**章
対話・話し合いを成立させる
ための関係性をつくる

①つながりを生む三つの菊池実践
②生き生きとしたグループ交流【態度面】
③白熱する自由な立ち歩き【態度面】
④生き生きとしたグループ交流、白熱する自由な立ち
　歩き【技術面】
⑤グループ交流や自由な立ち歩きのふり返り

①つながりを生む 三つの菊池実践

深和優一（菊池道場兵庫支部）

　対話・話し合いを成立させるために、絶対に欠かせないものがあります。それは、教師と子どもの関係性、子ども同士の関係性を育むことです。しかし、友達との関わりが弱い学級が多くあります。その時に、「今の子どもたちは、関わりが弱くて…」とその原因を子どもたちに求める教師であってはいけません。関係性の弱い集団を、関係性の強い温かな集団へと変えていくのが教師の役割です。そのためには、教師が「ほめて・認めて・励ます」ことが基本となります。基本を大切にした中で、教師と子どもの縦のつながり、子ども同士の横のつながりをつくっていきます。ここでは、そのつながりを生む三つの実践を紹介します。

【成長ノート】

「成長ノート」は、「成長」に必要なテーマを与えて書かせ、教師がそのノートに「ほめ言葉や励ましの言葉」を赤ペンで入れます。それを何度も繰り返すことで、子どもたちに成長を自覚させ、教師と子どもとの関係を強いものにしていきます。

　基本的に毎日のように書かせることが大切です。朝の会、授業時間内、帰りの会などで「価値語」を伝えた時や必要だなと思う時にその都度書かせます。成長ノートを通して、子どもの心を育てていきます。

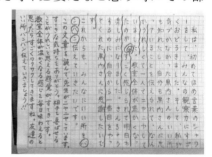

〈ねらい〉
・自分の心の成長を実感させる。
・書くことに慣れさせる
・教師と子どもがつながる。

【価値語】

　子どもたちの考え方や行動をプラスに
導く言葉を「価値語」と呼んでいます。
例えば、「一人ひとり違っていい」「一人
も見捨てない」のような価値語がありま
す。子どものよい行動を見つけ、それを
短い言葉で、印象に残るように価値付け

するのです。「価値語」は、黒板の左５分の１に書き記したり、カメラ
で子どもの様子を撮り、写真と言葉をセットで教室内に掲示したりしま

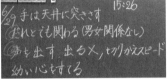

す。

　価値ある言葉が、子どもたちの中にたく
さん植林されると、日常の行為が変わって
きます。何が正しいのか、どうすればいい
のかが分かってくるからです。

「言葉で人間を育てる」という菊池実践の根幹にあたる指導が、この価
値語の指導です。

【ほめ言葉のシャワー】

「ほめ言葉のシャワー」は、一人ひとりのよいところや頑張りを見つけ
合い、伝え合う活動です。毎日、帰りの会でその日の主役が、教壇に立
ち、クラス全員からほめ言葉をプレゼントしてもらいます。ほめ言葉の
シャワーを行うと、30人学級であれば、１回で30個（教師も含む）、
１巡で30個×30人で900個、１年間で４巡回るとして、3,600個のほ

め言葉が教室にあふれます。毎日、
この活動を繰り返すことで、教室が
温かい雰囲気になっていきます。そ
して、自信と安心が教室に広がり、
絆の強い学級を生み出すことができ
るのです。

②生き生きとしたグループ交流【態度面】

岡崎陽介（菊池道場兵庫支部）

● **グループ活動は、本当に成立していますか**

『はい、では、一人で考えたことを、グループで発表しましょう』

A「えー、何を言ったらいいの？まだ書けていないし…」

B「誰から言う？Ｃさん言ってよ」

C「えー、嫌や。じゃんけんで決めよう」

D「じゃあ、みんなでジャンケンでいいでしょ。ジャンケン…」

「うわあ、一番か〜、えーと、ぼくの考えたことは…」

　　（一応順番通りにまわる）

A「先生〜、全員言い終わったら、何するの？」

『言ったことに対して、質問とか疑問とかあるか聞いてみてください』

A「誰か質問や疑問はありますか？」

Ｂ　Ｃ　Ｄ「……」

『はい、じゃあグループで出た意見、発表しましょう』

B「え、誰がやるの？」

A「Ｂさんやってよ」

B「え〜、私全員の前で発表とか苦手〜！Ｃさん得意でしょ」

C「えっ、無理、無理、無理！じゃあジャンケンで決めよう。ジャンケン…」

A「うわあ、最悪。何発表したらいいの？」

B「さっきみんなが言ったこと、発表したらいいんじゃない？」

C「そうそう、さっき言っていたことでいいよね」

D「Ａさん、頑張ってねー」

『１班から、発表お願いします』

A「えーと、あのー…1班で話し合ったことは…。えーと…えーと…」

このような状況での、グループ対話が行われ、1年間教室で続いていくと、どのような子どもに育つでしょうか。

では、どのように、導いていけばよいのでしょう。子どもたちが生き生きと輝く対話・話し合いの授業につなげるには、教師としてどのようなことを学び、気づいていけるとよいのでしょうか。

1　均等に話し、全員参加を第一とする

どのようにグループへ指示するか、活動をさせるかが重要となってきます。話す内容だけが焦点化されがちです。まず、「みんなで学び合う」という態度面で共通理解を考えてみてはいかがでしょう。クラス全員と「みんなで学ぶ」という態度面での視点をもたせるとよいでしょう。

【指導の実際】

『4人組になりましょう。4人組になったら、まずは、これから自分たちの話し合いを頑張ろうね、という気持ちをもちます。よろしくお願いしますからあいさつで始めましょう』

「よろしくお願いします」

そんな気持ちのよいあいさつで、始めます。あいさつを入れるだけで、「よし、今から始めるぞ！」という気持ちをつくることができます。

『最後には、今日の話し合いで、友達との関わり方や、学び方はどうだったか、ふり返りをします。どんなことに気をつけてやればよいでしょうか』

と先手を打っておきます。

すると、子どもたちは考えます。

> ・相手の目をみて聴く
> ・うなずく
> ・反応をする

　出た意見は、認めます。その時期が学期初めなら、教師がその価値を問います。学年にもよりますが、小学校中学年から高学年あたりなら、以下のような問い方で聞いてみます。

『どうして、相手の目を見て聴くことがよいのか』
「相手の目を見て聴くことで、集中して聞くことができます」
『でも目をじっと見すぎるのは怖いけれど、目を見て聴かないより、相手を見たほうがいいよね。全集中の呼吸で』
「話している人も、こっちを見てくれていないと、聞いてくれているのかな？と不安になってしまうからです」

『では、うなずくはどうかな？』
A「相手が言っていることに、うんうん、とされるだけで、話している人が安心して話せます」
B「聞いているか、聞いていないか、反応していることが相手に伝わるので、話をしている人が相手に伝わっているな、と思います」
C「やりすぎはよくないけれど、聞いてくれているのが分かります」

『反応するって、なんで反応がいいのでしょうか』
D「聞いてくれていないと、不安になるからです」
E「自分が言ったら、うなずき以外にも反応してほしい」
『どんな反応があったらいいのかな』
A「分かった、とか、なるほど、とかもあると、話している側は聞き手に伝わっているのだなと分かると思う」

B「ふ〜ん、へえ〜、よりも、ああ〜、おお〜、だと分かりやすい」
　（リアクション、と黒板に書きます）
C「反応しないことは、自分の話が伝わっていないってことかなって思う」
『じゃあ話が分からない時は？』
A「分からない、とはっきり言ったらいいと思う」
B「無反応とか、分からんときつく言われたら嫌」
C「どこまで分かったかを、聞き直しをしてみることは大事」
D「相手に聞き返すこともあってもいいと思います」
　　様々な意見が出ます。実際に友達同士で、話を聞いてもらえている経
験や、話をしていて不安になった経験
など、させてみるのもよいでしょう。
一度指導しただけでは、態度面は育ち
ません。グループ学習をするそのたび
に、話をしていく必要があります。ま
た聞き方のコミュニケーションゲーム
をしてみてもよいでしょう。

反応あり？なし？コミュニケーション体験
① 　まず、聞き手と話し手に分かれる（２人ペア）。
② 　１回めの話では、聞き手が全く無反応で聞く。顔は見ても、
全く反応はしない（テーマは、今日の給食についてなどの簡
単に話せること）。
③ 　反応がなくてどうだったか話し手に聞く。
④ 　２回めの話では、聞き手がよく反応をして聞く（テーマは、
同じでも変えてもよい）。
⑤ 　反応がない状態と、ある状態での話し手と聞き手の感想を聞く。

『ほかには？』
「うーん…。なんだろう…」
『一文が終わったら、①はい　②なるほど　③そうですね　などの言葉

をかける。『そして、言葉のあとに、話し手は次の言葉を話す。「合いの手」によって、「話のリズム」を作り出す。話しやすい雰囲気をつくり出すことが大事ですね』

一度、そういった経験をさせておくと、

『以前の隣と話したゲームの時に、反応と無反応の違いで、どんな気分だったか経験しましたよね』

と話すこともできます。聞き手と話し手のバランスをつくるところから始めてみましょう。

非言語の部分を大切にすることが、コミュニケーションの質や在り方を大きく左右します。話し合いの多くは、内容だけに目が行きがちです。非言語の部分を価値付けていくことで、対話・話し合いへの肯定的な態度を育てていくことができます。

2　言葉のキャッチボールをめざし、苦手な友達から引き出す

授業で、得意な子どもだけが話す形態になっていませんか。得意な子が、いかに苦手な子をフォローするかどうか。均等に話し、全員参加の対話・話し合いの態度面への指導が、よりよい子どもたちの伸びへとつながっていきます。冒頭述べたようなことが、全国のどこのクラスでも起こりうることであり、そういった状況にどのようなアプローチをしていけばよいか、悩む教師も多いようです。

対話・話し合いのスタートは「意見を出し合って交流する」ということです。その先にある、「話し合いの技能」「伝え合う」「新たな考えを生み出す」という深まる話し合いにつながっていきます。

【指導の実際】

言葉のキャッチボールを生むために、説明に対して「コメント」「質問」「リアクション」が大きなカギとなります。グループの対話・話し合い活動は、この３つを通して、新たな気づきや発見が生まれると考えられるからです。

『自分で考えたことをグループで発言していきます。ところで、順番に話をしていくだけでは、グループでの話し合いとは言えません。まずは、何からしていけばよいでしょうか』

A「言ったことに反応する」

『反応にプラスするとするなら、意見へのコメントです。コメントとは「論評や見解」という意味です。意見に対して、共感したり、批判したり、反論したりすることです。そうすることで、相手はどう感じるだろう？』

B「自分が言っていることに対して、そう思っているんだ、と分かります」

『でも、気をつけないといけないことは？』

C「うーん、言葉遣いや気持ち？」

『そうですよね。人に攻撃するのではなく、あくまでも意見に対して批判している、反論していく。学級での信頼関係が出来ていれば、意見は戦わせることができるものです』

『それ以外には？』

D「書いたことを読む」

『それもいいですよね。しかし、書いたことだけを読んだら、すぐに終わりますよね』

A「どうして、そう考えたのですかや、例えばで聞くと、書いていないところも話せるかもしれません」

『質問で相手のことを引き出すことができます。自分が思っていない質問が来るから、考えることができますね。内容が分かりにくいことであれば、「例えば？」とはっきりと切り返すことで考えていることが整理されます。整理ができたら、その人の力ですよね。引き出す、ですよ』

『さらに、友達の話をもっと整理するには何を言いたいか。結論、根

拠、理由をしっかりさせれば、何を話したいか整理できますよね』
「結論は何ですか」
「根拠はどこにありますか」
「考えたことはどんなことですか」
　を聞けば、相手が何を伝えたいか整理できますね』
　みんなで学び合うための対話・話し合いのある授業の中で、目的を
しっかりともたなくてはなりません。学年が上がるにつれ、グループ対
話のめあては変わっていきます。

◆各学年のグループ対話のめあて

低学年：たくさんの友達を仲良くなる 　　　　ために。 　　　　「一人をつくらない」 中学年：学び合う関係性をつくるために。 　　　　「一人も見捨てない」 高学年：成長し合う関係をつくるために。 　　　　「全員が参加者になろう」

　目標を明確化し、出てきた課題と向き合いながら進めていきましょう。

3　「プラス」を見つけ合う

　子どもは、自分の発言にはあまりいいイメージをもっていません。注
目を浴びすぎて、言えなくて、失敗感を生み、言いたいことが言えない
空気感をつくってしまいます。では、どのようにマイナスイメージを
「プラス」に変えられるか。「何を言っても許される」という環境がつく
られるために、どんな認め合いが必要でしょう。グループに出てきた負
の空気の入れ替えが大切です。「プラス」を見つけ合うという空気をつ
くることが大事です。

【指導の実際】

『自分の意見を話すことが苦手な人？
（はじめは多くの子どもが挙手）どうし
て？』

A「注目されすぎて、緊張するから」

『では、どうすれば、話し手は安心する
かな？』

B「注目しすぎないように、視線を外す」

『なるほど。それなら、見られすぎていないけれど、少し安心して話せ
るね。ほかに話し手を安心させるには？』

C「間違っていることでも、あえて触れない」

『素晴らしい！マイナスポイントを指摘されると、気分が落ちますよ
ね。触れずに、素晴らしい点を一つ大げさにほめてみてはどうでしょ
う』

C「あとで、こっそりと教えてもらえれば、恥もかかずに済む」

『最後に大きな拍手をして、みんなでほめる。単に拍手するのではな
く、本当に心から、気持ちを込めてすることが大事ですね』

　どんなことを話しても、失敗感を生まず、進めていくことが可能で
す。内容だけに偏ると、正解ばかりを求めてしまいます。話し手の一生
懸命さと、聞き手のフォローをする気持ちが大切なのです。

4　グランドルールを育て合う

　よい授業づくりは、よい学級づくりと連動していきます。たとえ、批
判したり、反論したりする中でも、「新しい意見をつくる」という雰囲
気が出てきます。では、全員で深め合う授業をつくるグランドルール
は、どのようなものをつくっていけばよいでしょうか。

　意識する点は7つです。

①　問いかけ合うようにする

　前述した「コメント・質問・リアクション」のところから、相手の意見に対して、「なぜ」「どうして」「なぜそう言えるの」「でも、ここには、こう書いてあるよ」など、言葉を意識させることが重要です。禅問答の「そもさん（今から問うので、答えてください）」「せっぱ（分かりました、お答えしましょう）」のようなコミュニケーションがあったことなども伝えると、楽しんでやるでしょう。

②　否定的な態度をとらない

　グループで一つに意見を絞るときに、「自分の考えがいい」と強い口調になり、他の意見を受け入れられない子がいます。場の空気自体が濁ってしまいます。その空気を変えるのは、やはり「笑顔」です。前述した非言語のコミュニケーションに意

識を向けさせることが大切です。否定的な言葉よりも、人は相手の「気」を感じます。嫌な雰囲気、否定的な態度が言葉以上に伝わります。雰囲気、空気を大切にした聞き方が、豊かな話し合いをつくっていきます。

③　意見が変わってもよい

　考えた意見を、なかなか変えられない子がいます。
A「ぼくの意見は絶対Aだと思います」
B「でも、Bの方が意見多いですよね」
A「でも、絶対Aだと思うのです！」
　意見を考えることに、抵抗感があり、考えが固まってしまっています。そこで、教師の言葉かけとして、
『友達の意見を聞き入れ、考えなければ、意見を変えることはできません。意見を変えられることは学び合えた証拠です』

初めと違う考えをもつことに価値を付けます。大激論の末、考えを変えようといっても無理があります。学級がスタートした頃に、簡単な課題から、このような言葉かけを積み重ねると、相手の考えを受け入れ、「潔く」意見を変えることができる子に育ちます。

④　話すよりも聞くように

　対話・話し合いのグループ活動では、絶対に発言しなければならないと全員発言に重きを置くことがあります。そのしばりさえ解いてしまえば、グループ活動がよりよい雰囲気で行うことができます。野口芳宏先生のご著書『全員参加授業の作法』の中で、
「声に出して意見を発表することだけが、子どもの発言ではありません。発言には『音声発言』『ノート発言』『表情発言』『音読発言』があると私は考えています。（中略）きわめて大切なのが、表情発言です…」
　一生懸命聞く姿。声は出さないけれど、表情で反応する姿。うなずきながら笑顔で聞く姿。様々な「聴く」姿があります。
『笑顔で聴くというのが、話を聞く上で、友達にとっても、話しやすいんだよね』
　聞き手が大事だと伝えることによって、よい話し手が育つという態度も意識してみましょう。

⑤　知識よりも経験を出し合う

　特に、自分の価値観が大きくなる、道徳の授業などで、相手の意見に寄り添えない場合があります。「苦手な子から引き出す」でも述べた「例えば？」と言う言葉によって、その人にしかない経験を語らせることができます。そういった経験があり考えを述べているのだな、と受け入れることができるでしょう。

⑥　分からなくなってもいい

　発言をする勢いはあるけれど、途中で止まる子がいます。言う気はあるのに、分からなくなって、途中でやめてしまうこともあります。言えなかったという結果で見るのではなく、言葉かけが重要です。

『よく考えていたね』

『みんなに伝えようとする姿が素晴らしいね』

『悩んでいる姿が美しいね』

　一生懸命な姿を価値付けしていきます。また、考えて分からなくなったという姿は、新しい考えを受け入れようとしている証拠です。なかなかうまくいったという実感を伴わないのが話し合いです。みんなで話す力をアップデートしていくことが、クラスが磨かれていく姿だということも価値付けをしましょう。

⑦　何を言っても受け入れる

　なんでもかんでも、という意味とは違います。もちろん「下品なこと」「悪態をつくこと」「誰かが傷つくこと」などは、言わないことを大前提とします。表現に気を配り、プラスの方向で話し合いが進むように促しましょう。

◆まとめ　　　1年間のはじめは、教師が土台を作っていく

　1年間の最初は、教師が主導して、みんなで学び合うための土台をつくっていきます。1年の後半になると、子どもたちの自治的・自発的な活動が増え、教師が手を引きつつ、見守る形となっていくことが理想でしょう。多くの場合、できていないことを注意することは、あまり効果はないようです。さらに言えば、話せば話すほど、周りの評価が気になります。それを取り除けるのは、「ほめる」言葉と態度です。じっくり時間をかけて、子どもたちの土壌をつくり、全体での自由な立ち歩きの対話・話し合いへとつなげていきましょう。

③白熱する自由な立ち歩き 【態度面】

深和優一（菊池道場兵庫支部）

1　自分から立ち歩く

　学び合うための「白熱する対話・話し合い」をめざすために、自分から立ち歩くことは、とても重要になります。自分から立ち歩くことで学びが主体的になり、相手との関わりを通して常に考え続けることができるようになるからです。しかし、多くの教室では、立ち歩くことに抵抗をもつ教師がいます。立ち歩くことで、「子どもたちへの指示が通らないのではないか」「子どもが遊んでしまうのではないか」というマイナスのイメージをもってしまうからです。また、子どもたちも今までの経験から、授業は座って受けるものという価値観をもっていることが多くあります。

　これは、目的や意味のない立ち歩きを許しているわけではありません。学びを深めるための立ち歩きは、一斉型の授業の子どもは座って黙って聞くものという価値観を崩す役割をもっています。

　立ち歩きをするためには、まず自分の考えをもつことが大切です。そして、その考えを広めるため、深めるために交流をします。

　そうすると、自分と同じ考えの人がいることが分かり、自分の意見を強めることができます。また、自分と違う考えを知って、新しい考えをもつことができます。さらに、意見が対立する中で対話を進めることによって、新たな気づきや発見があり、今までよりも考えが広がったり、深まったりしていくのです。

【指導の実際】
社会6年生「大昔のくらしと国の統一」

　チャイムがなったあと、すぐに黒板に書き始めます。子どもたちは、何を書いているのかと自然と黒板に注目をします。

『縄文時代と弥生時代はどちらが幸せか』（板書）

『ノートに縄文時代、弥生時代のどちらかを書きましょう』

　このような立場を明確にしやすい発問をした上で、ノートに書かせて、自分の立場を決めさせます。

「えー迷うな。急に決められない」

『すぐ決めます。直感を大切にします』（笑顔で伝えます）

「私は、絶対縄文」

「ぼくは、弥生の方が幸せだと思う」

　すでに話し合おうとする雰囲気が教室に流れ始めます。

『縄文時代と書いた人立ちましょう』

『弥生時代と書いた人立ちましょう』（黒板に人数を書きます）

　必ず人数を合わせます。特に学級の初めであれば、立場をはっきりさせないで、ただ教室にいるという甘えを認めないようにします。

『このあと、先生は何と聞くでしょうか？』

「理由を書きましょう」

『その通りです。では、箇条書きで番号をつけながら、理由を書いていきましょう』

　教室には、鉛筆の書く音だけが聞こえます。教師は、「書きながら考えます」「鉛筆を動かし続けます」のような基準をつぶやいたり、「〇〇さんは、もう5個も書いていますね」「教科書から理由をつくり出しているのですね」などのよさを価値付けしたりしていきます。

　そして、立場と理由が明確になったところで、話し合いがスタートします。

『まずは、同じ立場で集まり、意見を交流する話し合いをします』

『縄文時代の人は、教室の前に、弥生時代の人は教室の後ろに集まりま

す。あとで発表してもらいます』

　子どもたちは、たくさん書いた理由を友達に伝えにいきます。

　自由な立ち歩きをすることで、教室での学びがダイナミックになり、子どもの学習に向かう気持ちが前向きになります。

　自分から立ち歩きをすることは、どの教科でもできます。例えば、算数の授業で「自分の考えた方法を3人の人に説明をしよう」や、道徳の授業で「『誠実とは何か？』3分間で多くの人の意見を聞こう」など日常の中に取り入れることができます。そもそも教師側が、立ち歩くことをよしとする価値観をもてば、様々な場面で取り入れることができるはずです。立ち歩きを経験した子どもたちは、立ち歩きの価値を自分自身で感じられるようになっていきます。

【自由な立ち歩きの価値】（子どもたちのふり返りから）

○ぼくは、自由な立ち歩きが好きです。理由が2つあります。

　1つめは、他の人の意見、考えなどを聞け、自分の考えをふくらませたり、深めたりすることができます。また疑問などの質問をすることができます。

　2つめは、みんなに意見を伝えるのではなく、少人数を相手にするので日常の会話と変わらずに話すことができます。そのため緊張感を忘れてリラックスできます。そして伝えるだけではなく、相手から疑問を返してもらい、それに答えることで自分のアドリブ力を磨くことにもつながります。

○私は、自由な立ち歩きの授業が好きです。理由は、自分の意見を聞いてもらっているという安心感のようなものがあるからです。そして、座っている時よりも、身ぶり手ぶりがしやすく、話すと言うより何でも説得するという意識になり、なぜか算数でも白熱します。

○先生が前に立つ授業は、一方通行的で、少数の人の意見しか聞けません。でも、自由な立ち歩きだと、多くの人の意見が聞けるし、1対1なので、恥ずかしくなく、意見の交換ができます。

○ぼくは自由な立ち歩きの授業はとてもよいと思います。なぜなら、その意見に対して反論や質問ができたり、たくさん聞けたりすることで自分の意見も変えることができるからです。

子どもたちが考えた立ち歩きのほかの価値

・立ち歩くことで、座っている時よりも授業により参加できる。
・間違いに気づいたり、気づかされたりする。
・相手のアイディアに出会えて、自分の中だけの世界から抜け出せる。
・積極的になることを鍛えられる。自分から話しかけるから、成長する機会になる。
・算数の時に意見を共有できて、よく分かる考え方を知ることができる。
・友達の意見を聞いて物の見方が変わってくる。
・反応のシャワーを浴びることができる。
・一生懸命説明することで説明がうまくなる。
・たくさんの視点が入ってくるから、たくさん考えられる。
・ガヤガヤな状態で話すから、緊張がなく、話しやすい。
・友達が増える。あまり知らない人と話すことでその人のことを知れる。
・意見のボクシングができる。

2 ①しゃべる ②質問する ③説明する の三大対話態度目標

　子どもたちに対話の基本を示します。意見の出し合いだけでは、話は深まりません。「私はAです。理由は〜だからです」「私はBです。理

由は〜だからです」では、発表会と同じです。そうではなく、「なぜ、そう考えたの？」「もう少し詳しく聞かせて」と相手の話を受けて質問を返すことで、相手は今までよりも深く思考することができます。また、自分でも気づいていなかったことに気づくことができます。そして、説明をすることで理解が深まっていきます。

『対話の基本を伝えます。①は出会った友達としゃべることです。自分の考えた理由を伝えます。次にすることは何でしょうか』

「相手も意見を伝えます」

『素晴らしいです。一方的に伝えるだけでは、話し合いになりませんね。均等に話すということを大切にしましょう』

「分からないところや詳しく知りたいことを質問します」

『よく考えています。②は、質問です。質問をすることで、相手の考えを深く知ることができます」

（黒板にイラスト書きながら、説明すると理解が深まります。）

『そして、③は説明です。質問を受けたことを説明することで、自分の考えがはっきりとしていきます』

　教室のいろいろな場所で、子どもたちは対話の基本を意識した話し合いが始まります。

　特に、４月や５月には、このような態度目標（①しゃべる　②質問する　③説明する）を黒板の左端５分の１に何度も書いて子どもたちに意識をさせます。

　また、知識のある子が一方的に話すことなく、双方向の対話になることを常にめざしていきます。話すことが苦手な子には、質問をする側の技術が大切になります。「どこまで分かった？」「これって、こういう意味？」と考えを引き出す質問力を身につけていくことも重要です。

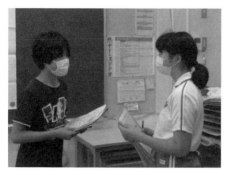

3　一人をつくらない

　立ち歩きの話し合いを始めると、子どもたちの様子で気になる姿が見られることがあります。

・一人になる　　　　　　　・一人になっている子に声をかけない ・話し合いに入ろうとしない　・仲の良い友達とばかり話す ・男子は男子、女子は女子としか話さない

　対話・話し合いのある授業は、学級づくりと同時進行で行うことが必要です。技術指導だけでは、豊かな対話は生まれないからです。形式的では冷たい活動になり、硬い雰囲気で終わってしまいます。学級づくりの視点を取り入れることで、子どもたちの対話の質は確実に高まっていきます。話す言葉や内容、声、表情、態度が相手を思いやったものになります。聞き手も温かい態度で受け止めることが普通になっていきます。

　話し合いをする上で、全員参加することが基本です。しかし、安心感のない教室では、それが難しいのも事実です。そのために教師は、状況に合った言葉を子どもたちに伝えていくことが必要です。まず、全員が安心して学ぶための価値語は「一人をつくらない」が重要です。自分の話を受け止めてくれる人がいるという安心感が、子どもたちの話し合いへの参加度を上げることにつながるからです。

他にも伝えたい価値はいろいろあります。友達との温かい関係を育て、「みんなのことをみんなで話し合って決める教室」「いつでも、誰とでも話し合える教室」「一人も見捨てない教室」をめざしていきます。「全員参加」ということは、「みんなで学び合う」ということと同じです。学校という場や先生や友達と学び合うことの意義を日々の授業の中での体験を通して理解させていきます。

4　一人が美しい

　話し合いは、一人ひとりが明確な立場を決めることから始まります。「○か、×か」「賛成か、反対か」「３つの中で一番はどれか」などの発問をした上で、ノートに書かせて、立場を明確にさせます。さらに、「○と書いた人、立ちましょう」「×と書いた人、立ちましょう」と呼びかけて立場を確認します。この時に黒板に人数を書いたり、名前プレートを貼らせたりします。

　次に、話し合いに参加するために、一人ひとりが意見をもつことからスタートします。そのために、「一人で考える時間」を保障します。

> 　子どもたちが、黙々と理由を書いている場面です。
> 『安心して一人で考える。落ち着いて全力で考える』
> 　などと教師がつぶやいて、子どもたちが考えている姿をほめます。そして、自分で理由をつくり出している子を見つけて、
> 『教科書や資料集に書いていないことを想像して、自分で理由をつくり出すことは、ありか、なしか』
> 「あり！！」
> 『もちろん、ありですね。自分で考えて書く。そこに自分らしさが出てくるのですね』
> 　意見には必ず理由があり、その理由の中に一人ひとりの「らしさ」があることを確認した上で、ノートに理由を書かせます。そして、数を意識してたくさん書かせます。

『手を止めましょう』

　子どもの注目が、教師に集まってから、黒板に『一人が美しい』と書きます。子どもたちは、一様に不思議そうな顔を浮かべます。『今の時間は、とても素晴らしかったですね。それは、理由を一人で一生懸命に考え続けたからです。そして、自分らしさがあふれた意見を多く書いたからです。一人でも考え続けられる、自分だけの意見を書くことができる。そんな人を「一人が美しい」と言います』

　子どもたちは、先ほどとは違って納得した顔を浮かべます。

　話し合いを面白くするためには、一人ひとりの意見が違うことが重要です。もちろん内容に沿ったものでないといけませんが、自分らしさがあふれた意見（例え、経験、想像など）を出し合うことを楽しめる集団にしていくことをめざします。

5　対話的な関係性を築く

　よい関係性のある教室の話し合いには、たとえ反論し合う厳しい内容だとしても、笑顔があふれる温かい雰囲気があります。お互いに、よいものをつくり出そうという雰囲気があるからです。「白熱する対話・話し合い」にするために、その土台となる子ども同士の関係性を深めるためのグランドルールを子どもたちと一緒に作っていくことが大切です。

　では、そもそもよい関係性とは、どのようなものか。それに関することが、加島祥造『会話を楽しむ』（岩波新書／1991年）で述べられています。

> 「会話」という尊い人間交流の磁場は、「人間対等観」と「開いた心」の二本柱が大切なのだ。心の開きかげんが大きくなれば人への対等観が生まれてくる。心を閉じる度合いが増せば増すほど人は差別意識にすがりつき、会話は形骸化してゆく。

つまり、ここで書かれていることは、対話的な関係性をよりよく築くために、相手との関係性が対等であること、そして、対等であるという考えをもつことが、大切であるということです。また、一人ひとりが「開いた心」をもつために「自分らしさを発揮できる教室」「安心できる教室」をつくっていくことが不可欠であることが分かります。そのような意識が、一人ひとりにあった上で、対話・話し合いの土台となるグランドルールを教室の中で築いていきます。

ある程度、ペア交流やグループ交流、自由に立ち歩いての交流が定着してきた頃に、話し合いをする前に「話し合いをする上で大切なことは何ですか？」と子どもたちに問いかけます。すると、子どもたちからは、「一方的に話さない」「確認を取りながら話す」「傾聴する」などの話す・聞く上での技術面での大切なことが出されます。また、「自分から声をかける」「男女関係なく話す」「一人をつくらない」のような話し合いをする上での態度面での大切にしたいことも出てきます。しかし、これは、4月からのペア交流、グループ交流、自由な立ち歩きを通して、教師がいかに子どもたちにふさわしい態度目標を示しているかが重要になってきます。

「問いかけ合う」
「否定的な態度をとらない」
「考えの違う人を大切にする」
「意見が変わってもよい」
「話さなくても一生懸命聴いていればよい」
「知識より経験を出し合う」
「分からなくてなってもよい」

など年度当初から、その都度伝えていきます。

　ただ、大切なことは、これらの言葉をなぞるように話すことではなく、自分のクラスの状況を考え、３月のゴールを見据えてめざす姿をイメージしながら必要な言葉を紡ぎ出す作業をすることです。

　対話的な関係性は、一朝一夕にできることではありません。教師と子ども、子どもと子どもを丁寧につなぐことを意識し、前述のような態度目標を価値付けしていくことで、学級に対話的な関係性が少しずつ、しかし、確実に築かれていきます。

6　目的・相手意識をもって学び合う

　話し合いをする上で、「どのように話し合えばよいのか」「何のために話し合うのか」という方法と目的を子どもたちに示すことが大切です。それらの理解がない中では、話し合いは本物になりません。子どもたちの納得が大切です。もちろん教師が、子どもたちに話し合いの価値を伝えることも大切ですが、納得解の授業や自由な立ち歩きによって、様々な考えに触れた子どものふり返りから、話し合いの価値を引き出すことができます。

国語６年「やまなし」　課題「谷川の深さはどのくらいか」
【授業の流れ】
　①自分の考えをノートに書く。
　②自分の立場を明確にするため、自画像を貼る。
　③教科書の文を根拠にして理由を考える。
　④自由に立ち歩きをして話し合う。
　⑤全体で自由起立発表をする。
　　（誰がどのような意見をもっているか確認をする）
　⑥自由に立ち歩きをして、反対意見を述べあう。
　⑦ふり返る。

【成長ノートより】

○私は、話し合いをして、自分とは違う考えも知る必要があると思いました。私は、意見が変わらなかったけど、いろいろな意見を聞いて、受け入れること、反論をすることが学べたと思います。

○一人ひとり考えが違うからいい。十人十色ということです。意見が違うから、こんな話し合いができる。みんなが違う考えをもっているからこそ、このクラス、世界が成り立っているということに改めて気づきました。

○自分と違う人の意見を聞いたら面白い考えがいっぱい出てきたり、違う意見を聞くことで新しい意見が出てきたりして、とても勉強になりました。

　このようなふり返りを丁寧にフィードバックし、クラス全体で共有していきます。そうすれば、みんなで話し合うことの意味が、学級の中で浸透していきます。みんなと学ぶことで、分からないことが分かるようになったり、気づかなかったことに気づけるようなったりするのです。そんな価値観に触れた子どもたちの学びは大きく変化していきます。

【成長ノートより】

　分かったことは、11ページの中の一言、一言がその物語を読み解くかぎになるということです。わたしは、30cmの川の中で繰り

広げられる小さな物語が「やまなし」だということが分かりました。

　私は、昨日考え続けました。帰ってから、ご飯を食べる時も寝る直前まで考えました。私は、考え続けた理由で相手を説得しました。本当に今までないぐらい調べて考えました。これが私の成長です。

　クラスとしても本当に素晴らしかったです。みんなが根拠のある考えをぶつけ合い、白熱したからです。

　MVP は○○さんです。私たちの意見に最後まで反論し続けて面白くしてくれたからです。「相手がいるから面白い」です。

　これは、友達と話し合うことで、考え続けた女の子の感想です。この女の子は、やまなしの最後の授業まで熱中して取り組み、10 ページを超えるまとめの感想文を書き上げました。まさに主体的に学ぶことを具現化した姿でした。

　自由な立ち歩きのある授業では、自分が聞きたいと思う人に意見を聞くことができ、自分の考えを広めたり、深めたりできます。そうなれば、学びが主体的になることはもちろん、自分と考えの違う人の意見を大切にするようになります。その理由は、同じ意見ばかりで話していても新しい発見がなく、面白くないからです。自分が成長するために、自分はどう行動すべきなのか、考えられるようになるからです。

　話し合いの価値が、子どもの中に入ることで、自ら目的・相手意識をもって話し合いを始めていくようになります。

【参考文献】

「楽しみながらコミュニケーション力を育てる 10 の授業」（著：菊池省三・菊池道場 / 中村堂）

「１年間を見通した　白熱する教室のつくり方」（著：菊池省三・菊池道場 / 中村堂）

「会話を楽しむ」（加島祥三 / 岩波新書）

④生き生きとしたグループ交流、白熱する自由な立ち歩き【技術面】

南山拓也（菊池道場兵庫支部）

はじめに

　これまで学校教育では、子どもたちが自分の座席に座って授業を受けるのが一般的だと考えられてきました。教師が教える側、子どもたちが教えられる側の関係の上で行われる、一斉講義式の授業スタイルが主流でした。

　しかし、学級の子どもたちの中には、この授業スタイルに合わず、学びにくさを感じている子もいます。また、個の教育的ニーズに応じた支援を必要とする子どもたちの増加や子ども同士のつながりの弱さなどの課題が増え、多様な学びの場の保障が必要とされるようになってきました。

　新学習指導要領では、育成すべき資質・能力の３つの柱として、ア．生きて働く「知識及び技能」の習得、イ．未知の状況にも対応できる「思考力、判断力、表現力等」の育成、ウ．学びを人生や社会に生かそうとする「学びに向かう力、人間性等」の涵養が示されています。特に、ウ．の「学びに向かう力、人間性等」では、自己の感情や行動を統制する力、よりよい生活や人間関係を自主的に形成する態度等が必要となります。また、多様性を尊重する態度や互いのよさを生かして協働する力、持続可能な社会づくりに向けた態度、チームワーク、感性や優しさ、思いやりなどの人間性に関するものが幅広く含まれています。これらから、学校教育の授業の在り方を根本的に見つめ直す時が来たと言ってもよいでしょう。これまでの教える側の視点から行われていた授業を学習者である子どもたち側に立った授業づくりが求められるのです。この節では、グループ交流や自由な立ち歩きを導入することで、対話・話し合いの授業が実現するのか、技術面を中心に考えていきます。

【指導の実際】

6年生国語科「『鳥獣戯画』を読む」（光村図書）

テーマ：「筆者が一番伝えたいことが書かれている段落は何段落か」

　前時では、子どもたちの意見として4段落、6段落、8段落、9段落の4つに意見が分かれました。多くの子どもたちは、4段落と6段落は筆者が一番伝えたいことが書かれている段落ではないと考えていました。質問したり、反論したりしながら、8段落と9段落の二大論争まで絞り込みました。以下のような流れで、対話・話し合いのある授業を展開していきました。

「対話・話し合いのある授業」の流れ

導入	展開	山場	終末
書く（個人） 立場を決める [問い]	同じ立場同士交流 自由な立ち歩き グループ交流 全体発表 [立論]	質問・反論準備 自由な立ち歩き グループ交流 全体発表 [質問反論]	ふり返り（個人）

1　立場を決める

　教師は、チャイムが鳴り始めると同時に黒板に書き始めます。コツコツと軽快なリズムでチョークの音が教室中に響いています。

[筆者が一番伝えたいことが書かれている段落は何段落か]（板書）

　子どもたちの方をふり返った教師は、

『あなたが何段落と思うのか、ずばりノートに書きましょう』

と言います。

　すぐに鉛筆を動かし、ノートに段落番号を書く子、考え込む子など、様々な表情が伺えます。すると、一人の男の子が、

「先生、どちらにしようか悩んでいるんですけど、そんな時はどうしたらいいですか」

と質問します。それに対して、

『岩本さん、どちらかといえばこっちの方が考えとして強いかなと思う段落で決めたらいいですね。どちらかにとりあえず決めましょうね。話し合いをしている途中で変わっても構いません。変わる人はそれだけ考えた人ですからね』

岩本さんも安堵の表情を浮かべ、すぐに段落番号をノートに記入しています。

『もう書いた人？』

子どもたちの半数近くが手を挙げます。

『まだの人？』

チラホラと子どもたちが手を挙げます。教師は笑顔で子どもたちに一言、

『早く書こう』

と、声のトーンを普段より高くして冗談っぽく言います。すると、子どもたちはニコッとした表情を見せています。間髪入れずに、

『もう書いた人？』

と、問い直します。ほとんどの子どもたちが手を挙げています。

子どもたちの多くは、「最初から正解を求めたい」、「間違えることが怖い」、「間違えることは恥ずかしいことだ」と捉えがちです。ディベート的な話し合いの場合、みんなで納得解を追究する学びです。ですから、どこを選んだとしても大した問題にはなりません。それよりも、なぜその段落を選んだのか、どのような理由かといった主張の根拠比べにウエイトを置きます。そこで、立場を決める段階で、子どもたちを追い込むような指導にならないように心がけます。子どもたちが自己決定力を鍛えていくことができるようにします。

立場を決めたら、次のような方法で人数確認をします。

(1)自画像プレートやネームプレートを黒板に貼って、立場を公表する

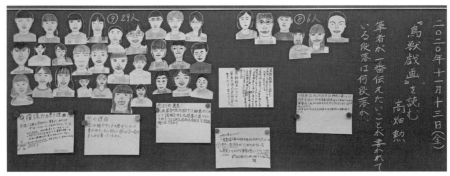

(2)挙手をして、人数確認をする

(2)を選択する場合、何度やっても人数がぴったり合わない教室もあります。一度でぴったりと人数がそろうためには、日頃からの指導の積み重ねが大切です。

『この教室ではないんだけど、手を挙げて人数確認をするときに、1回でぴったりと人数がそろうことはない教室もあるんだって。どう思う？』

「人数確認なんだから、ちゃんと自分の意見の時に手を挙げないとダメだと思います」

「ぴったりと人数がそろわないと気持ち悪いです」

『この教室では、手を挙げて人数を確認するとしたら、1回でばっちりそろうと思うんだけど、佐川さんはどう思う？』

148

「ぼくもそろうと思います」

『先生もそう思います』

　と言って、にっこりと笑顔で握手を交わします。周りで見ている子どもたちも二人のやりとりを見て笑っています。

『8段落の人は手を挙げましょう』

　手を挙げている子どもたちを手で確認しながら、1、2、3、4…と数えていきます。

『6人』

『9段落の人は手を挙げましょう』

　同様に数えていき、次は無言で黒板に「29人」と書きます。

『さすが、私たち6年4組は、1回で人数確認ができる素敵なクラスですね。私たちに大きな拍手をしましょう』

　強く細かく元気のよい拍手の音が教室中に響き渡ります。

　もし、1回で人数がそろわない状況があった場合は、子どもたちに「なぜ、一度で人数がぴったりにそろうとよいのか」と問いかけてみるとよいでしょう。子どもたちに1回でそろわないことの問題点を当事者意識で考える時間を取るのです。そして、そろうことの価値の共有を図り、よりよい学級の姿をめざすようにしていきます。

ポイント

・参加者意識をもつことができるように、立場を選択する問いを設定します。立場を選択する問いとして、①どの考えに自分は一番近いか（一番よいと思うか）、②賛成か反対か（AかBか・○か×か）などがあります。

・1回で人数確認ができる学級づくりをしましょう。挙手して人数確認する時は、必ず教師が数えるようにします。1回で人数がそろうことは当たり前のことだという学級文化を構築しておくことが重要です。

人数確認が終わったら、ノートに理由を書き始めます。
『ノートに理由を箇条書きで書きましょう。石井さんは3分間で何個書きたいですか？』
「3個です」
『横井さんは、何個書きますか』
「5個です」
『よし、目標は少し高い方がいいね。じゃあ、5個以上をめざして理由を書きましょうか』
「うんうん」
『日本記録は10個です。では、書いてみましょう』
「ようし」
　教室の空気が先ほどまでとは打って変わり、沈黙が生まれます。教科書の本文を精読し、子どもたちは自分の考えや理由をノートに記入しています。

　何個書くかを子どもたちに意識させて取り組みたい場合は、「ナンバリング」の技術を教えておくとよいでしょう。「ナンバリング」とは、文章の先頭に番号を通して打つことです。こうすることで、目標である5個をめざそうという子どもたちの挑戦意欲を高めることにつながります。

『そうか、説明的文章の場合、事実と筆者の意見を読み分けていくことが大切なのか』
　教師は、独り言のようにつぶやきながら子どもたちが書いている机の間をゆっくりと歩いていきます。
『ああ、説明的文章の場合、序論・本論・結論の3つで構成されていることをこれまでに学習しているんだ。でも、形式に当てはめるんじゃなくて、序論はどんな内容であるのか、それは何段落が当てはまるのかをよく読んで確認しないといけないのか』
　また、教師がつぶやいています。黒板の左端5分の1の部分に「事実

と意見」、「序論・本論・結論」と板書しています。すると、先ほどの担任のつぶやきに聞き耳を立てていた沢口さんは、何かを閃いたのか止まっていた鉛筆を動かし始めました。

　教師が机間指導をして、子どもたちの書いている内容に目が止まります。文末表現を取り上げて、自分の理由を書いている子がいます。
『文末表現に言葉に着目して、一番伝えたい段落はどこかを見つけようとしている人がいますね』

　教師は、5分の1の黒板に「文末表現」と書き加えます。そして、またゆっくりと子どもたちの中に入っていきます。そして、また足を止めて、『題名というのは、筆者が一番大事だと思うことを凝縮させてつけていることに気づいているんだ。題名とのつながりを考えて、一番伝えたいことが書かれている段落を見つけるのもいいね』

　自分の理由を書き終わり、手が止まっていた糸永さんは、再び鉛筆を手に取りました。そして、何か書き始めました。

『時間です。今、書くことができた理由を数えましょう』
　何個書くことができたかを尋ねながら、子どもたちに挙手させます。
『3分間で11個の日本記録を樹立した、池崎さんに大きな拍手をしましょう』
　一番多く書いた子の頑張りを称えます。

　子どもたちが個人で考えを書いている時間に、教師は何を目的として机間指導をしているのでしょうか。多くの場合、子どもたちが考えを書くことができているかどうか、書いていることが正しいかどうかに注目してしまいます。悪いことではないのですが、あまり正解主義にバイアスがかかると、書いていない子や鉛筆を動かしていない子に指導してしまいます。これが余計なお節介となり、子どもたちのやる気を阻害した

り、教師とその子の関係を悪化させてしまったりすることにもつながります。そこで、有田和正先生の「鉛筆の先から煙が出るように書きましょう」（スピードの意識化）や、野口芳宏先生の「呼吸するように書きましょう」（手を止めない・考え続ける姿勢づくり）の声かけをヒントにするとよいでしょう。どちらも、ユーモアを交えながら子どもたちのやる気に火をつけています。言葉かけ一つで、子どもたちの取り組み方が変わります。普段からどのような言葉かけをするとよいか、いくつかのレパートリーを用意しておくとよいでしょう。

　上記のように、教師は説明的文章を読むためのポイントの4つを口にしています。教師が子どもたちに書くことのヒントを与えているのです。今、教師に求められている役割は、「共同探究者」として、学びを促進していく役割です。子どもたちに学ぶ喜びや楽しさを共に味わい、一緒に学びを広げ、深めていく力が求められているのです。視点を与えることで、子どもたちは自分の考えを書くことができます。失敗感を与える学びではなく、少しでも自分の力でできたと感じることができるようにしたいものです。

ポイント
・ユーモアを交えて、子どもたちのやる気を引き出す言葉かけをしましょう。
・具体的な数値目標を示しましょう。「○分で□個書きましょう」
・机間指導では、できているかできていないかに偏重するのではなく、共に学びを広げ、深めていく共同探究者としての関わり方も意識しましょう。

2　チームで考えを増やそう（グループ交流・自由な立ち歩きの話し合い）

『同じ立場の人と考えをさらに増やしましょう』
『対話のために、自分から動くことができる人になりましょう。そし

て、「ありがとう」を言われる人になりましょう』

　このような声かけをして、自由な立ち歩きを取り入れます。その際、対話の三大ポイントである「①しゃべる　②質問する　③説明する」を示します。三大ポイントを示さなければ、多くの教室ではそれぞれの主張を言いっぱなしで終わってしまうことになります。対話の三大ポイントを示すことで、質問を必ずお互いがすることになります。質問をすることによって、相手の考えをさらに深く理解することにつながるのです。

　同じ立場の仲間数人が集まり、考えを交流しています。

「7段落のあとに、いきなり結論がきたらおかしいと思うんだけど、小柴さんはどう思う？」

「ぼくも岩本さんと少し似てるんだけど、7段落の最初に『この絵巻が…』とあるから、ぼくは8段落は7段落のまとめを書いているんじゃないかなと思っています」

「そうそう、8段落は鳥獣戯画よりも他の話題を取り上げているよね。だから、文末の『なのだ』は、言葉だけではなく絵の力を使っている日本文化の特色だということを強調していると思うんだ。だから、ぼくは1から7段落のまとめだと考えているよ」

「岩本さんの言うとおりで、9段落の最後の一文が間違いなく筆者の一番伝えたいことだよね。『だから』をつけて思いを強めているし、文末の『なのだ』でさらに自分の意見を述べているよね。だから、9段落で間違いないね」

「小柴さん、国語辞典で『だ』を調べてみたの。そしたら、『こうであるとはっきり言い切るときに使う』と書いてあるよ。他にも言い切って

いる文が多いから、8段落よりも9段落の方が意見として強いと思うの」
「小野さん、それいいね。説得力があるね」
　別のグループでは、自分たちの考えを相手に伝わりやすいように具体例を挙げて話し合っています。
「私は9段落だと思うんだけど、8段落って料理でいうとスパイスだと思うの」
「中田さん、それってどういうこと？」
「うん。8段落って今まで取り上げていなかった絵本や写し絵についても筆者は出してきているでしょう。それだと8段落は筆者の一番伝えたいことではないよね。この段落は、自分が言いたいことにつなぐスパイスだと思ったの。熱い思いが込められているという」
「おお、中田さん、それすごく分かりやすいよ」

　一方で、8段落と主張するグループでも話し合いが行われています。
「上田さん、相手の方が多いから説得力のある意見をつくらないとね」
「うん。『日本文化の大きな特色だ』というところが一番伝えたいことで、9段落でその補足をしているんだよ。『国宝であるだけでなく、人類の宝なのだ』というところはすごく言い過ぎているように感じるね」
「文末表現も『なのだ』と言い切っているから、筆者の思いの強さが表現されているよね」

　自由な立ち歩きでの話し合いの時、教師は子どもたちの活動を全体的に眺めるようにします。すると、子どもたちの学びに向かう姿勢が見えるようになります。身ぶり手ぶりをして自分の考えを説明する子や赤ペンでメモを取りながら友達の考えを聞く子、自分から誰とでも交流をすすんで行う子など、素敵な姿を見つけたら、活動終わりに全体の前でほ

めるとよいでしょう。

　話し合いを行う際には、自分たちの主張を可視化します。話し合いを整理し、自分たちの主張を明確にすることができるのです。同じものを見ながら話し合うことが可能となり、自分たちの考えの理解を深めることができます。また、全体での交流の時には、互いの意見を比較しながら聞き合うことができます。可視化することで、話し合いを深めることができるのです。

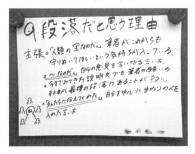

ポイント

・対話の三大ポイントを示し、一往復半のやりとりを意識するようにしましょう

・交流を通して、理由を増やしたり、強めたりする時間にしましょう

・話し合いをより明確にするために、画用紙やホワイトボードにまとめながら可視化するようにしましょう

3　全体交流をしよう（立論）

『では、それぞれの主張を述べ合いましょう。8段落からどうぞ』
「私たちは、8段落が筆者の一番伝えたいことが書かれた段落だと考えます。教科書147ページ11・12行目を見てください。『途切れることなく続いているのは、日本文化の大きな特色だ』と書いてあります。このことがないと、国宝や人類の宝にはなることができません。だから、筆者は日本文化の大きな特色だという言葉を一番読者に伝えたいのです」

　人数に偏りがある場合、少数派から発言するようにします。多数派の方から発言をすると、多数派が正しい主張だという流れをつくってしま

いがちになります。少数派の意見も大切にする、つまり民主主義を保障するために、少数派から発言を促します。多数派に安易に流れないようにしたいものです。

『続いて、9段落の人たち、どうぞ』

「私たちは、9段落が筆者の一番伝えたいことが書かれた段落だと考えました。9段落は、1から8段落までのまとめを書いています。鳥獣戯画のよさをたくさん挙げて、『なんと素敵で驚くべきことだろう』とか、『何物にもとらわれない、自由な心をもっていたにちがいない』と言っています。その上で、『だから』と強調して『人類の宝なのだ』と言い切っています。だから、9段落にしました」

「ぼくたちも9段落が筆者が一番伝えたい段落だと思いました。最後の一文なのですけど、文末表現とか、『だから』とか『なのだ』というところから、はっきり言いたいという熱が込められています。『なのだ』の『だ』の部分は、結論を述べる時にはっきり言い切る時に使うものだと、国語辞典に載っていました。めんつゆで例えます。めんつゆだけだと濃いじゃないですか。めんつゆがぼくは9段落だと思っていて、それだけだと意見が濃く感じるから、水の部分が1から8段落だと考えました。その水部分を足すことで、おいしく味わえるようになります。だから、9段落が結論として筆者が一番伝えたかったと

ころだと考えます」

　説明が分かりやすかったのか、そうだそうだとうなずきながら聞く子や、言い終わったあとに拍手をする子がいました。

> **ポイント**
> ・少数派から発言できるようにしましょう
> 　→民主主義を保障する大切な考え方です
> ・主張→具体例→主張の話し方ができるように、日頃から発言指
> 　導をしておきましょう。

4　質問・反論の準備をしよう（グループ交流・自由な立ち歩きの話し合い）

『それでは、質問と反論の準備をしましょう。また、同じ立場の人と集まりましょう。質問することは恥ずかしいことではありません。自分の知らなかったことが分かるから、楽しいことです。また、反論することは、潰し合うことではありません。反論することで、お互いの意見を成長させ合うことです』

　先ほどまで話し合っていた人と集まり、意見交流を始めます。9段落を推しているグループでは、次のような交流をしています。

「相手は、日本文化の特色のところを主張で言っていたよね。でも、あの部分は、1から7段落の部分をまとめているのだよね。題名とのつながりを考えると、やっぱり9段落の方が筆者の意見が多くなっているね。だから、間違いなく9段落の方だよ」

「間違いないね。9段落の方が鳥獣戯画のよいところをここだよ、ここだよって筆者の高畑さんは言っているもんね」

　隣で話している同じ立場の話し合いが気になったのか、岡田さんが話し合いに入ってきました。

「私たちのグループは、最後から2行目の『私たち』と書いてあるところに、筆者が伝えたいことの気持ちを込めていると考えたんだけどどう

かな」

「岡田さん、もうちょっと詳しく教え
てくれないかな」

「うん、今まで読んできた説明的文章
なら『私』と書くと思うんだけど、自
分（筆者）やその他の日本国民全員が

それだけ鳥獣戯画というものを大切にしているんだというのが『私た
ち』という表現一つに表れていると思うの」

「確かに、岡田さんの言うことも根拠になりそうだね。私は、最後の一
文だけしか気にならなかったけど、『私たち』にも筆者の熱い思いが込
められているね。相手から質問が来たら、これを答えていこうね」

　一方、8段落を主張するグループも質問と反論の準備をしています。

「きっと、相手からはなぜ9段落ではなくて8段落なのかを尋ねられる
と思うから、その返し方を準備しておかないとね。筆者は今まで出して
こなかった内容を8段落で伝えているよね。だから、8段落がほかとは
少し違うよね。だから、この段落が筆者の一番伝えたい段落だというと
ころを伝えていかないとね」

「そうだね。石場さんの言うように、この部分だと思うよね。相手にも
なぜ9段落の最後の部分を一番伝えたいことだと言っているのか質問し
ようよ」

「そうしよう」

　子どもたちは、自分たちの主張を複数の根拠を示しながら話している
ことが分かります。これは帰納法を取り入れた論法です。帰納法とは、
多くの事実から類似点をまとめ上げることで結論を引き出す論法です。
相手を納得させるには、多くの事実を示す必要があります。少ない事実
では相手が納得するほどの主張とはなりません。これは、日常の学習指
導の話し合い場面では複数の根拠を示す（帰納法で示す）ことを取り入
れているのです。みんなに分かりやすいようにとめんつゆの具体例を出
したのは唐突ですが、子どもたちの中には相手に分かりやすくするため

に何かに例えて話す経験が積み重ねられているのです。

　質問するためには、相手の主張をしっかりと受け止めていなければなりません。そのためには、メモを取って相手の意見のどこが弱いのか、不安定なのかを見つけ、分からないことや疑わしいことを問いただし提起します。また、反論では、相手の意見を潰し合うことが目的ではありません。相手の意見の弱さや不安定さを指摘して、自分たちの主張の方が強いことを証明するのです。それが、互いの意見を成長させ合うことにつながるのです。

> **ポイント**
> ・相手の主張を受け止めるために、質問をしましょう
> ・お互いの主張を成長し合うために、反論しましょう

5　全体交流をしよう（質問・反論）

『それでは、互いの主張に対して質問と反論をしましょう』

「僕たちは8段落の最後の部分が一番伝えたいことだと考えているのですが、なぜ9段落だと考えているのですか」

「本文を見てくれたら分かると思うのですが、さっきも言ったけど9段落には『なんと驚くべきことでしょう』や『自由な心をもっていたにちがいない』と筆者の思いや意見が書かれています」

　ここで少し沈黙の時間が生まれます。8段落の人は質問の答えに同意したのかもしれません。その隙を逃さず、9段落の方から反論が重ねられます。

「8段落に反論してもいいですか。先ほど8段落に筆者の思いや意見となる『途切れることなく続いているのは、日本文化の大きな特色だ』の部分だと主張していましたよね。だけど、その部分は、

あくまで7段落までの具体例のまとめであって、全体として筆者の言いたいことではないからおかしいです。それとは反対に、9段落は鳥獣戯画のことについてほめている言葉が多いのです。つまり、筆者の思いや意見が強く表れていると言えます。そして、『私たち』と強調したり、『だから』『なのだ』を使ったりしてまとめています。だから、9段落が筆者の一番伝えたいことが書かれた段落です」

「大内さんに合わせて言ってもいいですか。8段落が一番伝えたいことだと主張していますが、それはどうかなと思います。なぜかというと1から7段落を読み直してみると、7段落までは鳥獣戯画の絵のことを説明しているからです。それでいきなり8段落で一番言いたいことを言うと変じゃないですか。だから、8段落は、鳥獣戯画以外にも優れた絵巻物がたくさんあって、それが日本特有の文化だってまとめているんです。それを9段落でさらに筆者が自分の言葉で強調しているのです。だから、9段落なのです」

『具体例のまとめが8段落で、全体的なまとめが9段落ということね』

　すると、横峯さんが手を挙げて、

「先生、変わってもいいですか」

『横峯さん、どうしたの』

「私、9段落の坂上さんと岩本さんの二人の意見を聞いていたら、1から7段落までのまとめの役割を8段落がしていると気がつきました。それよりも、9段落の方が1から8段落のまとめになるので、自分の思っていたことと違ったけど9段落の方が強いと思ったので立場を変わります」

　このあと、一人、また一人と立場が変わっていき、9段落が納得解と決着しました。

話し合いをしているときに、自分の立場を変えるということは、しっかりと相手の意見を聞いて考えているからできることです。だから、自分が違うと分かると潔く認め、立場を変えることができるのです。これは、いきなりできることではありません。普段の学習の中で変わることは考えているからできることだという価値を共通認識できているのです。

　子どもたちは、日常の学習を通して、引用する技術と反論する技術を経験しているから使うことができます。
「〜の部分だと主張していましたよね」と引用するのは、普段から相手の考えを受け止めようと集中して聞く姿勢ができていなければ、引用することはできません。それに、メモを取る習慣がなければ、忠実に相手の発言を再現することはできません。つまり、普段から嚙み合った議論を経験しながら、引用する力を習得していると言えます。

　また、反論の技術として「反論の四拍子」というものを使っています。これを活用することによって、子どもたちにとって難しさを感じる反論も容易にできるようになります。先ほどの子どもの発言を元に「反論の四拍子」とはどういうものかを確かめていきましょう。

①相手の主張を引用する（引用）
「先ほど８段落に筆者の思いや意見となる『途切れることなく続いているのは、日本文化の大きな特色だ』の部分だと主張していましたよね」

②自分たちの主張を述べる（主張）
「だけど、その部分は、あくまで７段落までの具体例のまとめであって、全体として筆者の言いたいことではないからおかしいです」

③根拠を示す（根拠）
「それとは反対に、９段落は鳥獣戯画のことについてほめている言葉が多いのです。つまり、筆者の思いや意見が強く表れていると言えます。そして、『私たち』と強調したり、『だから』『なのだ』を使ったりしてまとめています」

④もう一度、主張を繰り返す（結論）

「だから、９段落が筆者の一番伝えたいことが書かれた段落です」

　このような二つの技術を使うことによって、お互いの考えを成長させ合う白熱した話し合いを実現させるのです。そのような豊かな話し合いを通して考えを広げたり、深めたりする経験を通して、集団性を高めることにもつながります。

```
ポイント
・引用の技術と反論の四拍子の技術を取り入れ、噛み合った話し
　合いの経験を日常的に積み重ねましょう。
・考えが変わることのよさを認めましょう。
```

6　話し合いをふり返り、自分たちの成長につなげよう

　ふり返りをする場合、必ず個でふり返る時間を設定するようにします。東井義雄先生の言葉に、「書くということは、自分を整理することである。書くということは、自分を確立することである。〈いのちの実感〉」とあります。人は書くことによって、自らをメタ認知することが可能となります。そして、書くことを通して自らの学びを成長につなげることができるのです。

　例えば「３つあります作文」では、次のようなふり返りがあります。

```
　話し合いを通して身についた力は３つあります。
　１つめは、帰納法を使う力です。これまでは、一つしか根拠を
準備していませんでした。相手を納得させるために、相手のこと
を考えることを意識しました。すると、理由を増やすことができ
ました。
　２つめは、可視化する力です。今までは話すことばかり考えて
いました。でも、今回の話し合いで可視化することを友達としま
した。すると、相手の考えもよく分かりました。だから、これか
ら可視化できるようにしていきたいです。
```

3つめは、話し合いを楽しむ力です。今までは相手の意見を潰してしまうことがありました。でも、先生が「お互いの考えを成長し合うための反論だ」と言っていたことで考えが変わりました。質問したり、反論したりすることが楽しく感じました。

　これらのことから、ぼくは、話し合いを通して成長することができました。

　私が話し合いを通して身についた力は3つあります。

　1つめは、協力する力です。今まではなかなか自分の考えを発言することができませんでした。でも、同じ立場の人と話し合うことができました。画用紙にまとめる役割で参加できてよかったです。

　2つめは、まとめる力です。今まではメモをして終わりになっていました。でも、今回は画用紙にまとめる時に友達の考えをよく聞いて、まとめることができました。

　3つめは、考える力です。今までの話し合いだと聞いているだけで終わっているところが正直ありました。今回は、友達の言っていることを頭の中で考えたり、比較したりして、どっちがよいかを考え続けている自分がいました。

　これらのことから、私は話し合いが好きになりました。また、こうやってみんなで話し合いをしたいです。

　ふり返りの仕方として、①白い黒板で行う、②価値語で表現する、③色や漢字一字で表す、④「3つあります作文」で書くなどがあります。

　ふり返りを書く場面で、教師の方に特に何も準備していなければ、感想を書かせがちになってしまいます。しかし、子ども自身が成長につなげるためには、教師が意図してテーマを設定する方がよいでしょう。例えば、「なぜ、6年○組は白熱した話し合いになるのか」「話し合いを通して身についた力は何か」「6年○組の話し合いを色で表すと何色か」

「６年○組の話し合いを漢字一字で合わせると何か」などです。そのようなテーマを提示することによって、子どもたちが成長を意識したふり返りができるように促すことができるのです。

おわりに

　対話・話し合いの授業づくりで最も大切なのは、日常の指導の積み重ねです。年間を通して計画的に取り組み、子どもたちに力をつける指導をしていきます。対話・話し合いの授業を通して、他者との関わりの中から起きる内側の変容重視の授業へと学びを変える必要があります。考え続ける学びへと変えていくことが、今、学校教育に求められているのです。このような経験を多く積み重ね、新たな時代を生きる力に変えていく子どもたちを育てたいものです。

| 対話・話し合いの授業づくりをめざすための参考図書・参考文献の紹介 |

「１年間を見通した白熱する教室のつくり方」（菊池省三・菊池道場 / 中村堂）

「『白熱する教室』を創る８つの視点」（菊池省三・菊池道場 / 中村堂）

「どの子も発言できる力がつく授業づくり」（上條晴夫・菊池省三 / 学事出版）

「小学校　楽しみながらコミュニケーション能力を育てるミニネタ＆コツ101」（菊池省三 / 学事出版）

「『話し合い力』を育てるコミュニケーションゲーム62」（菊池省三・池亀葉子等 / 中村堂）

| 対話・話し合いの授業づくりをめざすアクティビティ |

　質問力を鍛える…友達紹介質問ゲーム、Yes No 質問ゲーム、問答ゲーム

　反論力を鍛える…でもでもボクシング、ちょっと待ったゲーム

⑤グループ交流や 自由な立ち歩きのふり返り

久後龍馬（菊池道場兵庫支部）

1　ふり返りの意義

　授業に対話活動を取り入れても、やりっぱなしでは、学びが子どもたちに蓄積されていきません。対話活動をより価値あるものにするためには、ふり返りをすることが重要です。

　ふり返りには、次のような効果があります。

> ・気づきや学びを確認したり、深めたりして自分の中に落とし込むことができる。
> ・集団や自分の向上的な変容を自覚し、集団や自分への肯定感が高まる。
> ・自分の活動の姿をメタ認知し、今後の成長につなげることができる。

　ふり返りは、「感想」とは違います。「感想」は思ったり、感じたりしたことです。活動をふり返るには、感じたり、思ったりしたことだけではなく、自分の姿を客観的にとらえる必要があります。

　また、ふり返りは、反省とも違います。過去のうまくいかなかったことに焦点を当てて行うのが反省です。ふり返りは、過去に焦点を当てるだけではありません。自分をさらに成長させるためにどうするかというように未来にも焦点を当てるのです。

2　ふり返りの方法

　学習内容や学年、かけられる時間に応じてふり返りの方法は様々にあります。私の勤める鶴居小学校では、次のような方法でふり返りを行っ

ています。

> ・ペアやグループでの対話でふり返る
> ・集団での話し合いでふり返る
> ・文章に書いてふり返る
> ・箇条書きでふり返る
> ・漢字や四字熟語、価値語に表してふり返る
> ・付箋に書いてふり返る
> ・黒板に書いてふり返る（白い黒板）
> ・映像や写真を見てふり返る

　例えば、1年生の1学期なら、書くことの個人差が大きいため、ペア対話やグループ対話でのふり返りが有効です。また、高学年での納得解に迫る話し合いの授業なら、友だちの考えを聞き、深まったことを整理するために、文章に書くことが有効です。さらに、文章に書いたことを自由な立ち歩きで伝え合うなど、複数の方法を組み合わせることで、より学びを深めることができます。

　このように、学習内容や学年、かけられる時間に応じて効果的だと考える方法を選んだり、組み合わせたりしてふり返ることが大切です。

3　書くことの価値

　様々なふり返りの方法がありますが、書くことを取り入れることで、ふり返りの質が高まります。書くことには、次のようなメリットがあります。

> ・授業の最後を集団から個人の学びに返すことができる。
> ・書くことで自己内対話がおこり、学びを整理したり、深めたりできる。
> ・文字に残すことでふり返りの内容を蓄積でき、長いスパンでのふり返りもできる。

書くことの価値を最大限に生かした取り組みが「成長ノート」です。与えられたテーマに対する自分の考えや想いを書きます。教師は、子どもの書いた内容に全力で返事を書きます。「成長ノート」は、子どもの書く力を伸ばすだけでなく、関係性を豊かにしていきます。子どもと教師が書くことによる対話を行うことで、縦のつながりが強くなります。また、成長ノートに書いた考えや想いを教師が紹介したり、子ども同士で交流したりすることで、横のつながりを強めることもできます。

4　ふり返りの視点をもつ

　ふり返りをするときに、ふり返るための視点がなければ「楽しかった」「よく分かった」「難しかった」などの感想のみのふり返りになりがちです。ふり返りの視点を教師も子どもも意識することが大切です。
　では、どのような視点をもてばよいでしょうか。
　ふり返りは、めあてに対して行います。つまり、授業のめあてがふり返りの視点となります。これまでの一斉指導型の授業では、「授業のめあて＝表のめあて（教科のめあて）」となっていました。しかし、対話、話し合いの授業では、「表のめあて」だけでなく、「学級経営、心理的なめあて」「学習規律的なめあて」「学び方、考え方のめあて」「子ども同士のつながりを育てるめあて」という4つの裏のめあてにも目を向ける必要があります。第2章で取り上げた、対話、話し合いの授業における5つのめあてはふり返りにも生かすことができます。

---

　①表のめあて………………………知識・技能／思考力・判断力・表現力
　②学級経営・心理的なめあて…………ほめる（失敗感を与えない）
　③学習規律的なめあて………………共通ののぞましい態度
　④学び方、考え方のめあて……………学習用語
　⑤子ども同士のつながりを育てるめあて…関係性

　授業のめあてを教師が明確にもち、授業の中で、子どもの態度や行動をほめて、価値付けます。例えば、一人でも自分の意見を伝えようとす

る態度を「一人が美しい」と価値付けます。これは、「③学習規律的なめあて」とつながっています。また、声をかけ合い、一人になる子がいないように自由な立ち歩きをする姿を「一人をつくらない」と価値付けます。これは、「③学習規律的なめあて」や「⑤子ども同士のつながりを育てるめあて」とつながっています。このように教師の価値付けたことが、子どもがふり返るときの視点となっていくのです。子どもにふり返りの視点ができると、ふり返りの内容が変わってきます。感想のみのふり返りから脱却し、自分や学級の成長を客観的に捉えたり、より高い姿を思い描いたりするようになります。

　子どもたちにふり返りの視点を意識させるためのステップを紹介します。

5　子どもが視点を意識してふり返るためのステップ
ステップ1　教師がふり返りの視点を与える

　子どもたちにふり返るための視点がない状態で「今日の授業の感想を書きましょう」と言っても「楽しかった」「面白かった」「難しかった」などのありふれた言葉があふれてしまいます。そこで、初期の段階では、教師が、授業のめあてを意識させる問いかけをする必要があります。子どもたちにふり返りの視点を意識させる「ふり返り問いかけ集」を作成しました。

【「表のめあて」を意識させる問いかけ集】

> 「今日の学習で分かったこと、できるようになったことを書きましょう／伝え合いましょう」
> 「今日の学習で分かったこと、気がついたこと、思ったことを書きましょう／伝え合いましょう」
> 「今日の学習で一番印象に残ったことを書きましょう／伝え合いましょう」

「今日の学習を次の言葉を使ってまとめましょう」

※いくつかキーワードを例示する。

「話し合いを通して、最終的な自分の考えを書きましょう。どうしてそう考えるのか理由も書きましょう」

「キーワードを使って、今日の学習のまとめをしましょう」

「○○ということについて隣の人と説明し合いましょう」

「問題を作って隣の人と出し合いましょう」

「今日の学習のポイントを30文字以内でまとめましょう」

「表のめあて」をふり返らせる場合は、学習のまとめがそのままふり返りとなる場合があります。教師がまとめた板書を写させるよりも、子どもに自分の言葉でまとめさせた方が、学習内容が身につきます。

「拡大と縮小」（算数6年生）の授業で、次のように問いかけて学習のふり返りとしました。

『拡大、縮小した図形の条件を、「辺の比」、「角」という言葉を使ってまとめましょう』

子どもたちは、2つのキーワードを意識しながら、学習内容を自分の言葉や図を使ってまとめました。

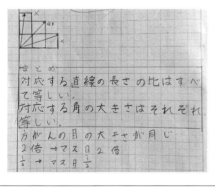
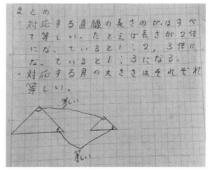

【「裏のめあて」を意識させる問いかけ集】

「今日の学習で嬉しかったことや楽しかったことを書きましょう
／伝え合いましょう」　　　　　（学級経営・心理的なめあて）
「今日の学習で自分が頑張ったことを書きましょう／伝え合いま
しょう」　　　　　　　　　　　（学級経営・心理的なめあて）
「今日の学習で自分が成長したことを書きましょう／伝え合いま
しょう」　　　　　　　　　　　（学級経営・心理的なめあて）
「今日の活動をして、どんな気持ちになりましたか」
　　　　　　　　　　　　　　　（学級経営・心理的なめあて）
「今日の活動が成功したのはなぜだと思いますか」
　　　　（学級経営・心理的なめあて）（子ども同士のつながり）
「友達のよかったところを付箋に書いて伝え合いましょう」
　　　　　　　　　　　　　　　　　（子ども同士のつながり）
「今の心の中は何色ですか。理由も書きましょう」
　　　　（学級経営・心理的なめあて）（子ども同士のつながり）
「今日の学習で頑張っていた友達にメッセージを書きましょう」
　　　　　　　　　　　　　　　　　（子ども同士のつながり）
「今日の学習を価値語で表しましょう」
　　　　　　　（学習規律的なめあて）（学び方、考え方のめあて）
「今日の学習を四字熟語で表しましょう」
　　　　　　　（学習規律的なめあて）（学び方、考え方のめあて）
「今日の学習を漢字1文字で表しましょう」
　　　　　　　（学習規律的なめあて）（学び方、考え方のめあて）
「今日の話し合いのMVPは誰ですか。理由も書きましょう」
　　　　　　　　　　　　　　　　　（子ども同士のつながり）
「今日の学習に点数をつけましょう。なぜ、その点数なのか説明
しましょう」　　（学習規律的なめあて）（学び方、考え方のめあて）
「今日の話し合いで自分が一番影響を受けたのは誰のどんな意見

ですか」　　　　　　　　　　　　　　（子ども同士のつながり）
「今日の学習で成長したことを３つあります型で書きましょう」
　※今日の授業で、成長したことは３つあります。
　１つめは〜。２つめは〜。３つめは〜。

　１年生では、コミュニケーションの楽し
さを感じさせるために伝言ゲームに取り組
みました。お題が、きちんと伝わった時
は、みんな大喜びでした。最後に、次の３
つの視点でふり返りをさせました。

①でんごんゲームがせいこうしたときどんなきもちでしたか。
②なぜせいこうしたとおもいますか。
③おともだちのよかったことをおしえてね。

① でんごんゲームが せいこうしたとき どんな
　きもち でしたか。
　うれしい、おもしろかった。

② なぜ せいこうしたと おもいますか。
　すんなか ちからがまざって
　せいこう。

③ おともだちの よかったところを おしえてね。
　けいとさんが にこにこえ
　がおで おしえてくれた。

① でんごんゲームが せいこうしたとき どんな
　きもち でしたか。
　うれしくてやったーていちゃった。

② なぜ せいこうしたと おもいますか。
　けんしんさんからくるみさんまで
　のちからがガッさなって
　せいこうしたんだとおもいます。

③ おともだちの よかったところを おしえてね。
　あおいさんがかずやさんになんかい
　もおしえていたところがいいなとおも
　いました。くるみさんがわたしにいっぱいおしえ
　てくれたのがやさしいなとおもいました。

　入学して２か月の子どもたちですが、しっかりと自分の思いを書いて
ふり返ることができました。初期の段階は、教師が具体的な問いかけを
することで、子どもの思いを引き出すことができます。

ステップ2 子どもがふり返りの視点を選択する

　教師が5つのめあてを意識し、子どもの態度や行動をほめて、価値付けたり、視点を与えてふり返りをさせたりしていると、少しずつ、子どもが視点を意識しだします。視点を意識しだすと、子どもたちに視点を選択させることが有効です。掲示物などで、あらかじめ、ふり返りの視点を示しておくと、子どもが選択してふり返ることができます。

　鶴居小学校の低学年では、次のような掲示物でふり返りの視点を与え、ふり返りをしています。

①分かったこと、
　　できるようになったこと
　　　　　　　　　　（表のめあて）
　　（学び方・考え方のめあて）
②自分ががんばったこと、
　　成長したこと
　　（学級経営・心理的なめあて）
③うれしかったこと、
　　楽しかったこと
　　（学級経営・心理的なめあて）
④友だちと活動して
　　気づいたこと
　　　　（学習規律的なめあて）
　　（子ども同士のつながり）
⑤友だちのすごいと思ったこと
　　（子ども同士のつながり）

3年生は、社会科で川越市の観光について学習しました。川越市は、昔の町並みを再現し、観光客を集めています。まず、川越市の2枚の写真を見て、どちらが40年前で、どちらが今の写真かを予想します。そして、その理由をノートに書いて、話し合いました。子どもたちは、話し合いを通して、観光客を集めるためにわざと古い町並みにしているということに気づいていきました。授業の最後に、5つから視点を選んでふり返りをしました。

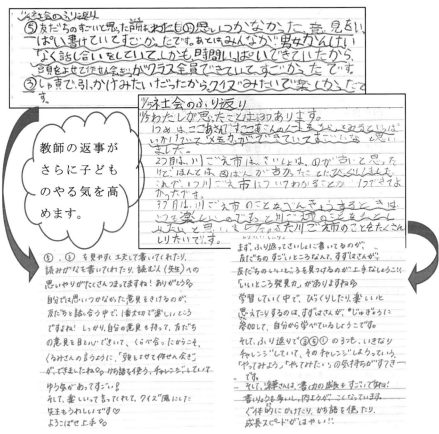

教師の返事がさらに子どものやる気を高めます。

■今日成長したことは3つあります。1つめは、意見交換をするときに、いつもよりいろんな人と話し合いができたから、「つまらないか

べをこわす」ができてうれしかったです。2つめは、意見をこうかんする時に、「そうだね」って言い合えたから「学び合う‼」ができました。3つめは、いっぱい自分の意見が書けたので、「ライバルは自分」ができてよかったです。

■①今の方が古く見えるなんてすごいし、おもしろいです。今の方が、わざと古くしているとよく分かりました。②がんばったことは、一生けん命考えて書いたことです。これも、成長したと思います。③いろいろの人の意見を聞けてうれしかったし、楽しかったし、みんなの考え方もよかったです。うれしかったことは、みんなが自分の意見をつけたしてくれたことです。④友だちみんなで教え合っていて、学び合うがみんなといっしょにできたと思います。⑤みんなが一生けん命に考えて書いていてすごいなと思いました。さい後まで自分で考えて、全員と話し合うことができていたので、「一人を作らない」ができていると思いました。楽しかったです。またしたいです。

　子どもたちは、ふり返りの項目を選んだり、書きやすい項目から書いたりしています。また、価値語で友達をほめるなど、日々の価値付けがふり返りにも表れています。このように、視点を選択してふり返りをすることで、授業の中で5つのめあてをより意識するようになります。

ステップ3　子どもが主体的にふり返りの視点を使いこなす

　授業の中で、教師が5つのめあてを意識し、ほめて、価値付けていると、子どもたち自身が価値付けられたことを意識するようになります。それらを成長の視点として、継続してふり返りに取り組んでいると、1学期の終わり頃には、自分や学級の成長をメタ認知してふり返ることができるようになります。

　鶴居小学校の5年生は、1学期から対話、話し合いの授業に取り組んできました。授業の最後には、様々な視点からふり返りをしてきまし

174

た。また、１週間に３回程度、様々なテーマで「成長ノート」を書き、学級や個人の成長をふり返っており、ふり返りの視点が子どもたちの中に浸透している学級です。

　２学期に「三角形の面積の求め方」（５年算数）を対話、話し合いを取り入れて学習を進めました。三角形の面積を、切ったり、分けたり、動かしたり、ひっくり返したりして求めます。まずは、自分で考えます。考え方を図に書き込んだり、式や説明を書いたりします。次に、自分が考えた求め方をみんなに説明し、共有します。分かりにくい子は、友達の説明を聞いて、よいと思った方法を取り入れます。様々な求め方の中で、自分が一番よいと思った求め方を選び、より相手に伝わるように工夫します。全員が求め方を書けたら、自由な立ち歩きをして、ペアで説明し合います。対話、話し合いにより、全員が三角形の面積の公式を理解することができました。ふり返りを書かせると、様々な視点から、自分の言葉で書くことができました。

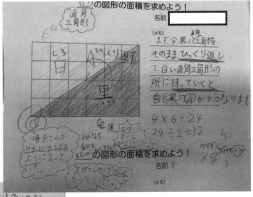
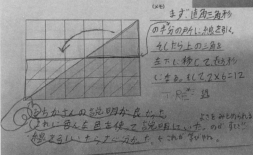

■Rさんが私が言ったあとに、「分かりやすい」と言ってくれて、ちゃんと考えて聞いてくれてるんだなあと思って、自分も反応できるようになりたいと思いました。（学習規律的、子ども同士のつながりを育む）

■Yさんが一生けん命最後までやっていた。自分が成長したと思うことは、Yさんにしっかり教えて、Yさんのショートテストが終わったら、思わず私もいっしょに「終わった～！」とよろこべたことです。
（学級経営・心理的、子ども同士のつながりを育む）

■みんなそれぞれ違うことがあってよかった。みんな説明が分かりやすかった。最初は分からなかったけど、みんなで説明していたら、分からないことも分かった。
（学び方・考え方、学級経営・心理的、子ども同士のつながりを育む）

■みんなひし形ではあまり求められなかったけど、三角形は27人が成長できたと思います。分からなかった人も、人に聞いて、せいいっぱい努力して、みんなかっこいいと思いました。
（学級経営・心理的、子ども同士のつながりを育む）

6　黒板を使ったふり返り（白い黒板）

　菊池実践の一つに「白い黒板」があります。与えられたテーマについて、黒板に自分の考えを書き、黒板を真っ白にします。「白い黒板」は、ふり返りにも活用することができます。

　5年生で、ディベート学習のふり返りを「白い黒板」で行いました。「ディベート学習で成長したこと」というテーマで、黒板を真っ白にしました。子どもたちが書いた内容は、表のめあて（国語科としてのねらい）と4つの裏のめあての全てが含まれていました。子どもたちの学びから、教師のねらいが達成された授業であったと言えます。

【表のめあて（ディベートの知識・技能）に関すること】

○**話し合う内容を準備する。**

　・調べる力　　・準備力（準備は最高のスタートダッシュ）

　・データ　　　・書く力　　・作戦タイムをうまく使う

○**意図を明確にしながら、計画的に話したり、聞いたりする。**

　・話す力　　・話し方の工夫　　・はきはき言う　　・出す声

　・全力で話す　　・公の声　　・スピーチ力　　・立論は強く

　・分かりやすく話す　　・話し続ける力　　・説明する力（説明力）

　・身ぶり手ぶり力（体で表す力）　・納得させる力　　・反駁力

　・聞く（聞き取る）力　　・傾聴力　　・相手の話を聞く　　・メモ力

　・うなずく　　・コミュニケーション力

　・相手の意見をよく聞き、自分の意見をつけたし、意見を強くする

○**目的や条件に沿って、意見を比べ、よりよいものを選ぶ。**

　・審判が重要　　・審判はちゃんと話を聞く　　・決断力（勝敗をつける力）

【裏のめあてに関すること】

・勝つ思い　　・勝ち負けは大事　　・一生懸命　　・本気　　・話力＝勇気

・チーム全員が本気×強気×負けん気でいる　　・集中力　　・感情的

・努力は結果で表すこと　　・一つのミスが負けにつながる　　・責任感

・最後まであきらめない　　・プラスの気持ち（言葉）　　・努力する力

・沈黙で自分と向き合う　　・沈黙になったらサポート　　・サポート力

・チームまとめ力　・チームで協力　・団結力　・助け合う　・相談力
・心をそろえる　・協力とは一人ひとりが役割を果たすこと
・チームワーク　・チームプレー　・相手軸（相手が大事）
・負けてもプラスの言葉　・負けてもＡのコップを持つこと　・他己中
・勝ち負け関係なく笑顔力（負けても笑顔）　・感謝　・感情的にならない
・勝負してくれてありがとうの気持ち

　このように、ふり返りを黒板に書くことで、見るだけで学びを共有できます。友達の書いたことを見て、比較したり、新しい発見をしたりして学びを深めることもできます。また、自分たちで黒板を真っ白にして、一つの作品を作り上げたという達成感もあります。白い黒板を写真に撮り、教室に掲示しておくと、学びを意識させ続けることもできます。

7　付箋を使ったふり返り（熟議スタイル）

　ふり返りの内容を分類したり、ラベリングしたりするときには、付箋が有効です。菊池実践の「熟議」は、ふり返りの１つと言えます。

　５年生は、こども園との交流について「熟議スタイル」でふり返りました。まず、交流でよかったと思うことを赤色の付箋に、改善しなければいけないことを青色の付箋に、個人で書きました。次に、班でそれらを出し合い、分類して模造紙に貼り、ラベリングしました。そして、班ごとにふり返った内容を発表しました。

「よかったこと」「改善点」を分類して、ラベリングすると、次のような言葉が出てきました。

よかったこと	改善しなければいけないこと
がんばり　やさしさ　価値語 楽しむ　笑顔　笑顔力　行動力 盛り上げ力　分かりやすさ やさしさ　積極性　笑い　工夫 教える　意気込み　一生懸命 相手への思いやり　あたたかい心 よろこばせ上手　目標をもつ きまり　協力　トラブルなし 集団　絆	おしゃべり　うなずき　拍手 離れた　話す力　盛り上げ力 人任せ　自己紹介　お店 宝探し　注意　相手軸に立つ 姿勢　切り替え　ふざける めんどうをみる　公の態度 いっしょにいる　言葉づかい ほめる　思いやり　見本 注意する　自己中

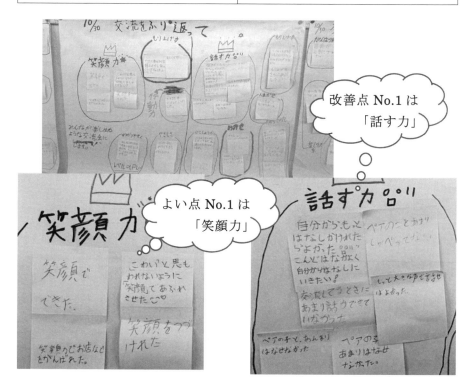

このように「熟議スタイル」でふり返りをさせると、オープンエンドで終わることができます。自分たちで話し合った成果と課題を次に生かすことができます。活動そのものをふり返る場合には、じっくりと話し合う時間を確保し、成果や課題を共有できる手立てが大切です。

8　VTR を使ったふり返り

　継続的に行っている対話活動に「ほめ言葉のシャワー」があります。終わりの会でクラスの全員がその日の主役をほめます。1年間で主役が5巡するので、30人学級なら4,500のほめ言葉が教室にあふれます。「ほめ言葉のシャワー」に継続して取り組むことで、対話、話し合いの土台となる認め合う学級風土を育むことができます。また、対話の絶対量が保障されるため、コミュニケーション力も高まります。

　しかし、やりっぱなしではマンネリ化します。そこで、鶴居小学校では、1巡ごとに自分たちの様子を録画したVTRを見てふり返りを行います。動画を見ることで、自分たちを客観的に見ることができます。

【低学年】

　1年生は、VTRを見て、まず、自分たちのよいところをグループで伝え合いました。そのあと、もう一度、VTRを見て、パワーアップさせるためにできることをワークシートに書き、みんなで話し合いました。

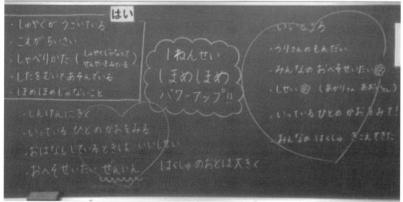

　1年生では、話す内容よりも、「正対して聞く」「大きな声で話す」「拍手の音」など態度面の気づきが中心でした。低学年では、内容よりも、一生懸命伝えたり、聞いたりする態度を身につけ、対話することを楽しむ心を育むことが大事です。

【中学年】

　3年生は、VTRを見たあと、話す人と聞く人の立場に分けて、パワーアップするために必要なことを話し合いました。なぜ、そのことが必要かという理由まで伝え合い、白熱した話し合いができました。最後に、話し合いをふり返り、「成長ノート」に自分の考えをまとめました。

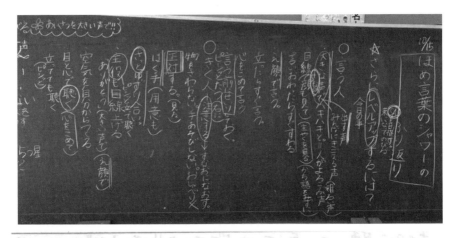

'0/15 ほめ言葉のふり反り

話し合いの中でみんなの発表をきいて思ったことはみんなクラスのみんなで、更になってのびるをせいこうさせるために、いっしょうけんめい考えておもったことはぜんぶモジモジせずハキハキといえていたと思います。とくにみんなんなかくれたんな発表した教発表のしかたが6年生なみ、だったと思いました。今日ほなしあったことをわすれずにこれからのほめ言葉に生かしてクラスみんなの好きな時間をほめ言葉のシャワーにしたいです。クラスみんなで1人もおいていかないように更になってのびていきたいです。だれか1人でもおいていけば2期間の目ようがせいこうしないからみんなで6年生までみんなの大い更になってのびていきたいです。

■ こういう話をして、こうしたら、人がよろこぶことになるんだなと思いました。正対とか、心をこめて聞くことがとても大事だなあと思います。心を大切にすることが、大切だと思いました。友だち思いが大切だと思いました。

■ こうやったらいいと言うことが、二つあります。一つめは、さっとゆずり合いをすることです。立つ前に言うことをちゃんと考えて、立っ

182

たあとに、はきはきと止まらずに言ったらいいんだなと思いました。
二つめは、主役の人は、みんながいいところを見つけてくれているので、大きな声で「ありがとう」を言ったらいいと思いました。

【高学年】

5年生は、手法を変えながら「ほめ言葉のシャワー」のふり返りを繰り返し行っています。1巡目、2巡目終了後には、自分が一番パワーアップさせたいことを参加型板書で黒板に書いて話し合いました。3巡めには、自分たちのVTRに加え、菊池学級（6年生）の「ほめ言葉のシャワー」の動画も見せ、「4巡めで自分や学級をどのように成長させるか」というテーマで「成長ノート」に書き、伝え合いました。3巡めにもなると、子どもたちが成長の視点をしっかりともってふり返っています。また、文章と箇条書きを組み合わせるなど、書き方にも自分なりの工夫が見られます。

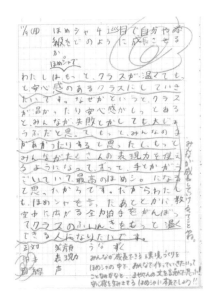

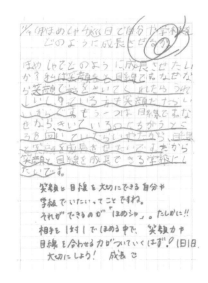

　5年生の教室には、ふり返りを子どもたちに意識させ続けるために、一巡ごとに行ったふり返りの黒板の写真や子どもたちの意見をまとめた掲示物が貼ってあります。

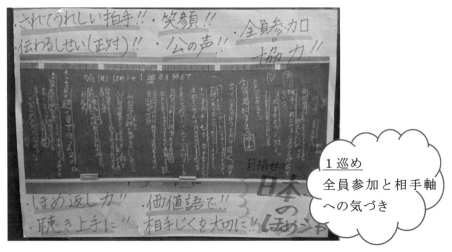

1巡め
全員参加と相手軸
への気づき

2巡め
全員でつくり上げる成長の時間に!

3巡め
自分らしさあふれる幸せの時間

　ふり返りをするたびに過去の反省をもとに、これからの成長につなげていくという学級の姿勢が表れています。「ふり返り」＝「成長につなげる活動」となっているのです。

おわりに

　本書は、私自身が全国を巡る飛込授業の中から見えてきた子どもたちの実態をスタートとして、白熱する対話・話し合いの授業をどのようにつくっていくかを考えたものです。

　飛込授業のあと、子どもたちや先生方から、授業についての感想をいただくことが多くあります。私は、2020年度の目標の一つとして、「子どもたちの感想を深読みする」ということを決めていました。子どもたちのリアルな声に学ぼうという考えです。感想の中には、たくさんの発見があり、子どもを理解するためのヒントがあります。そして、自分自身のパフォーマンスを磨くことにも役立ちます。

　本書をまとめ終えた段階で、改めてそうした子どもたちや先生方の感想を読んでいると、自身の授業での声かけや振る舞いがどうであったのか、パフォーマンスは子どもたちにどう響いていたか、そして、授業のねらいは十分に達成されたかということが否応なく分かります。

　ページ数に限りがありますので多くは紹介できませんが、以下に二人の小学生と、二人の中学生、そして一人の先生の感想をそのまま紹介いたします。

　私の考える授業観が子どもや先生たちに伝わっていたことを嬉しく思います。

　これからも全国の学校を訪ね、子どもたちと学び合いながら、先生たちと語り合いながら、コミュニケーションあふれる豊かな対話・話し合いの授業をつくってまいります。そして、私の夢である「コミュニケーション科」の実現に向け、歩みを進めてまいります。

2021年1月3日　菊池道場　道場長　菊池省三

菊池先生へ

今回は、授業をしてくださりありがと
うございました。
　菊池先生の授業は楽しかったです。
　ぼくは先生の話を聞いて、人には
同じ意見はないということを知り、これから
は自分の意見を言う時に、「同じです」と
は言わないようにしていこうと思い
ました。

ぼくは、今回意見をはずかしがらず
しっかりと意見を述べるということは、
本当に大切だと思いました。
ぼくは時々自分の意見・予想がま
ちがっていたらどうしようと思って不安
になることがあります。しかし、菊池
先生は、「よそう」なんて逆から読
むと「うそよ」なんだから堂々とお
しゃっていたとき、ぼくは、たしかにみ
んなちがう意見があってこそ深み
やわかちあうことができるんだと
学ぶことができました。

中学1年生　授業後の感想

① 今日の授業の感想は？

自分で予想をたてたり、友達と考えることが楽しかったです。
場の目的に合った態度をすることの大切さが分かりました。
友達のだした意見にはんのうすることで自分では考えられない、
意見や予想をたくさん聞くことができ、いろいろなことが
分かりました。
菊池省三先生の授業を受けて友達をみとめることの
大切さが授業をうける前より分かりました。

② 菊池先生へのお礼の言葉

今日は授業をしていただきありがとうございました。
菊池先生の授業を聞き、自分で予想をたて、友達の予想を
聞くことの大切さが分かりました。自分の意見にたいして
反応してもらうとうれしい気持ちになり楽しかったです。
友達の意見に反応することでしっかり聞こうと思い、
普段よりも人の話を聞けたのが良かったです。

中学3年生　授業後の感想

① 今日の授業の感想は？

授業が普通の先生よりも生徒に考えさせて
生徒達のなかで話を発展させようとしている感じ
がして考えることが多くて少しつかれた。
けど、こういう授業をして子どもに自分で考えさせること
は成長させていく上で大切なのかもと思った。
皆さん、わかっているつもりでもこういうような考える
機会があるとあらためて深く考えられると思った。

② 菊池先生へのお礼の言葉

今回はわざわざ遠いところから
授業をしに来てくださってありがとうございました。
うけた授業で学んだこと考えたことを
これからの生活に活かせるようにがんばります。

190

中学校教師　授業参観後の感想

1）講義を聞いての感想
- 生徒とのやりとり、生徒同志のやりとりの中で、生徒にレスポンスを大切にする指導が丁寧に行われていたことに気付き、とても勉強になりました。

2）特に興味を持ったこと
- 「ひとり一人ちがっていい」を強調されていたことで、生徒が自分の考えを伝えられていけると思いました。
- 意見が書けなくても友達の意見を聞いて、自分の考えを整理していくのが、考えることだと伝えることで、安心して授業にのぞむことができると感じました。

3）自分の学校でも「出来そうだな」と感じたこと
- 活動の途中でも、伝えたい内容が生徒に理解してもらえるようなタイミングで活動を止め、生徒が自分たちに足りない点を理解し、改善しながら活動できるよう授業がすすめられているなと思いました。

4）その他
- 誉めることの効果を改めて感じました。
- 日々の言葉のやりとり、行動でのやりとりをもっと丁寧に行っていきたいと思いました。生徒が安心して自分を表現できる環境づくりや、生徒のやりとりをつなぐ力を高めていきたいと思います。

●著者紹介‥‥‥‥‥‥‥‥‥‥‥‥‥‥‥‥‥‥‥‥‥‥‥‥‥‥‥‥‥‥‥‥‥‥‥‥‥‥‥

菊池省三（きくち・しょうぞう）

1959年愛媛県生まれ。「菊池道場」道場長。元福岡県北九州市公立小学校教諭。山口大学教育学部卒業。文部科学省の「『熟議』に基づく教育政策形成の在り方に関する懇談会」委員。2020年度（令和2年度）高知県いの町教育特使、大分県中津市教育スーパーアドバイザー、三重県松阪市学級経営マイスター、岡山県浅口市学級経営アドバイザー　等。
著書は、「教室の中の困ったを安心に変える102のポイント」、「作文で読む菊池学級の子どもたち」「『教育』を解き放つ」（以上　中村堂）など多数。

【菊池道場】　※掲載順、（　　　　）内は菊池道場所属支部名
久後龍馬（菊池道場兵庫支部）　　　　江崎高英（菊池道場兵庫支部）
篠原　肇（菊池道場北九州支部）　　　深和優一（菊池道場兵庫支部）
岡崎陽介（菊池道場兵庫支部）　　　　南山拓也（菊池道場兵庫支部）

※以上、2020年12月15日現在

子どもたちが生き生きと輝く
対話・話し合いの授業づくり
2021年2月1日　第1刷発行

著　／菊池省三　菊池道場
発行者／中村宏隆
発行所／株式会社　中村堂
〒104-0043　東京都中央区湊3-11-7
湊92ビル4F
Tel.03-5244-9939　Fax.03-5244-9938
ホームページURL　http://www.nakadoh.com

編集協力・本文デザイン／有限会社タダ工房
カバー・表紙デザイン＆イラスト／佐藤友美
印刷・製本／モリモト印刷株式会社

ISBN978-4-907571-71-9